浙江民宿导览（2021）

浙江省文化和旅游厅 / 编

浙江工商大学出版社 ZHEJIANG GONGSHANG UNIVERSITY PRESS | 杭州

那是一艘船，摇曳在梦里的水乡。那是一片湖，风扰乱它的梦，惊起一片涟漪。都市里的灯火，古镇中的青石板小路，鸟儿掠过此处，衔来一句百年前的诗句。

这里是浙江，古往今来，多少文人雅士、商贾走贩居于此处，笔下写着最瑰丽的梦，心中许着最灿烂的愿。江南水乡里，承载着多少过往。

旅行者们从五湖四海而来，他们想见浙江，不是那个灯火通明的浙江，不是那个行色匆匆的浙江。他们想体会此处的生活，观钱塘江大潮，游西子湖畔，在文豪诗人走过的路上探寻他们的踪迹。于是，民宿应运而生，像古时候汇聚了四方来客的客栈，讲述着那些人生的牵绊。那些勤劳而朴实的浙江人，在这片土地上开起一家家民宿，他们与来自各地带有不同口音的人攀谈，他们讲述着彼此的故事，交换着那些走南闯北时听到的趣闻。

民宿是一种探索，是主人与客人的交流。民宿是一种体验，一顿温馨的早餐，一条温暖的棉被，透过民宿的一扇窗，看见不一样的夕阳。

浙江用它的怀抱接纳着旅人，同时不忘用一把尺规范民宿的发展。它说，有朋自远方来，要还他们的愿。今天，两万家民宿在浙江如雨后春笋般林立，它们遍布于古镇、村落、高山和海岛，讲述着浙江的故事。

民宿在乡村发芽，它从一个咿呀学语的幼童，逐步成长为一个健康而美丽的青年。在关于乡村的故事里，不再有贫穷、落后和漫天的尘烟，有的是希望、美丽与碧海蓝天。

在声声蝉鸣和蛙叫声里，你看见，那个洗去铅华的浙江。

目　录
CONTENTS

打开这本民宿导览，以民宿之眼，看美丽浙江的万种风情。自然之美、心灵之爱，都尽在其中了。

杭州
HANGZHOU

01

山中何事，松花酿酒，春水煎茶，一盏香茗，一株檀香，
一心静对一世，民宿里的旅行，品味慢生活。

浙江民宿导览 杭州

乾皇湾民宿

主人：朱小奎
等级：金宿

坐拥青山，躺看竹海，畅享百年前的江南秘境

匠心故事

乾皇留迹

四岭村第一家民宿

隐藏玩法

· 在民宿山顶平台上，四岭水库的美景尽收眼底，日落霞光甚美。

· 老板娘亲自掌勺，选用当地最新鲜的食材，烹饪出鲜香四溢的农家饭菜，还有季节限定的自制礼盒。

· 民宿距离径山古道和径山寺不远，适合疗养。

📍 浙江省杭州市余杭区径山镇四岭村 11 组乾皇村 4 号

📞 139 6809 2128

乾皇留迹

传说乾隆皇帝下江南寻访时，不小心马失前蹄，形成一个凹印。时光变迁，凹印成了井，名为"乾皇井"，就位于民宿门口，"乾皇湾"因此得名。

遇见江南情

径山脚下、四岭水库旁，四周竹海环绕，草木葱茏，空气清新，这里成了绝佳的度假胜地。

纯粹原木系

所有建筑均极大限度地使用了石料、环保木料，进门便能闻到一缕自然的木香。

回归乡土的诗意空间

在保留老式木结构建筑的基础上，以传统夯土泥墙面、浅色艺术漆、灰色水磨石和木色家具为主，营造简单、舒适又朴实的居住环境。

朴素自然的地道美食

天目·留岩所用食材均选用高山自种蔬菜，不添加化肥和农药，从菜地直达餐桌，尽显自然淳朴之味，每一口都能让你尝到主人的用心。

远离喧嚣的惊险刺激

追求刺激和想要冒险的小伙伴，冬天不妨去大明山滑雪呀！那时来到大明山滑雪场，眼前是一望无垠的纯白世界，让你仿佛置身于"冰雪世界"之中。

天目·留岩

主人：郑卫君
等级：银宿

自然狂野的朴质生活，奇妙岩趣的惬意风情

炫酷"洞穴风"　　野而不糙　　山下美学

/ 隐藏玩法 /

· 在开放式的大型观景台上，任何角度的山景都能尽收眼底。晚上山里有时会有星星点点的灯光，视野非常不错。

· 可以钻进天目山这个天然氧吧，接受大自然的洗礼。淙淙泉水在山间流淌，悦耳鸟鸣在枝头欢响，或漫步林间，或凭栏小憩，好不惬意。

📍 浙江省杭州市临安区天目山镇天目村桂谷新村 25—26 号

📞 137 5828 4777

迦密山宿

主人：吴复元
等级：银宿

家的甜蜜，山的隐居

- 民宿＋"家"
- 味道山乡
- 沐浴森林

在富春山乡遇四季

民宿前有一大片耕地，春天是一大片黄色的油菜花，夏天是一大片绿色的稻田，秋天是一大片金色的丰收，冬天是一大片白色的雪景。

我在富春山乡有个家

在这里，一家人可以围在一起做竹筒饭、麻糍、米粿、粽子、烧饼等传统的小吃美食，还可以做香囊、编竹篮等。

品酒、吟诗与作画

坐在民宿长廊里，看着风吹麦浪，看着云卷云舒，看着日出日落，听着蝉噪声蛙鸣声，感受微风习习，修身养性，放松心情，你肯定会有灵感。

/ 隐藏玩法 /

· 民宿后面有一座山叫风来岭，是看日出、看日落的好地方，可以在那里拍出大片！

· 篝火、音乐、乐队、露天影院，还能与小伙伴一起围着火炉烤全羊。

· 民宿内种满了萱草花，希望可以传递一种家的温馨感。

📍 浙江省杭州市富阳区胥口镇下练村碧东坞 17 号

📞 188 8897 0531

山居情怀地

"始于情怀，得益政策，陪伴父母，传递美好生活，做自己喜欢的事。"女主人查惠娟喜爱山间美居，用极致的美学，打造了富有烟火气的山隐之地。

质感小庄园

精致的欧式小楼，简约与透亮的设计，勾勒出一幅巴洛克轻奢风与浪漫情怀的画卷。没有浮华的外表，只有更贴近生活本真的质朴感。

美鸠十点半

民宿主人倾情推荐"美鸠十点半"活动，城市夜晚十点半，你正疲于奔忙，而在美鸠山居的夜晚十点半，你只需要负责享受喜悦，和我们一起弹琴、画画，在时间的空隙中，快意人生。

美鸠山居

主人：查惠娟
等级：银宿

风韵雅致，质感庄园，用对美的极致追求打造诗意的生活

- 两进两回
- 鸠鸟女当家联盟
- 美鸠十点半

/ 隐藏玩法 /

· 附近的网红景点：鱼鳞坝——清凉戏水，野天堂四驱越野车项目——精彩刺激，鸠鸟仙山谷漂流——夏日清凉，鸠鸟国家滑翔伞基地——翱翔太空。

· 在海拔 869 米的鸠鸟山顶有着千亩杜鹃花，每年四五月份漫山的杜鹃花竞相开放，景色壮观。

· 鸠鸟山盛产蜜梨、茶叶、笋干和野生蜂蜜。

📍 浙江省杭州市余杭区鸠鸟镇前庄村游家 17 号

📞 137 3550 0561

汐遇小筑

主人：祝鑫斌
等级：银宿

去探寻每个季节的生灵故事

(自然
教育)　(亲子
撒野)　(保留
童心)

浙江民宿导览 杭州

/ 隐藏玩法 /

· "二姉酿"：民宿自家酿制的好酒"二姉酿"，以天目溪畔辣椒草制作酒曲，入口顺滑，回味甘甜，有不少住客就冲着这壶酒而来。

· 撒野指南：贴心的主人会根据时节、天气等，为你找出许多好玩的地方。不怕没得玩，就怕不想玩。

📍 浙江省杭州市临安区於潜镇堰口村新村 136 号

📞 189 6802 1313

自然撒野

触摸岩石、探究洞穴、制作标本……各式各样个性化的亲子活动，满足孩子们对大自然的无限好奇，获得一份奇妙的人生体验。

居于山林

汐遇拥有江南特有的恬静韵味，奶白色的墙、黑色的屋檐、原木色的窗，满满的自然气质，带给你极致的放松体验。

遇见四季

汐遇的四季是多彩的，不仅能解锁一桌应时的农家宴，还能解锁不同时节的 N 种玩法，沉浸式解锁自然，在自然中学习自然。

主人：陈永珠
等级：银宿

异想竹家民宿

藏匿于深山竹海里的奇思妙想

竹筒饭　竹筒灯　竹筒酒

/ 隐藏玩法 /

· 有开放式厨房可供使用。

· 周边活动：篝火晚会、草坪音乐会、烤全羊、草坪团建、剧本杀、竹林寻宝、竹林徒步。

· 民宿周边可玩性很高，有星驰越野、金顶飞行、云上草原、十八道弯漂流、大穿越玻璃漂流、仙龙峡漂流、山沟沟景区、径山寺等多个景点和玩乐项目。

原汁原味乡村情

民宿主人始终认为原来的东西都很美，她精心留存了老宅的砖瓦、土墙、石刻，展现了最真实的过去和现代农民的生活场景。

取材山林归山林

异想竹家民宿就地取材，采用了大量竹质、木质的家具。木材的独特纹理，沉敛大气、华而不奢。木质的温润感，文雅从容、含而不露。

百丈百味竹筒饭

竹为器，米为食，承载美味的农家原生态材料，这代代相传的竹筒饭，每个环节都有各自的技巧和乐趣。竹筒饭体验活动还曾登上央视。

📍 浙江省杭州市余杭区百丈镇溪口村新安里 92-1 号

📞 158 6883 0063

峪涧山房

主人：岑燕萍
等级：银宿

千岛湖畔，金紫尖旁，一山一谷，一溪一舍

 坐拥
静谧山谷

 峪涧
茶文化

一览
千岛湖

📍 浙江省杭州市淳安县左口乡龙坑坞15号

📞 180 6943 7029

/ 隐藏玩法 /

· 峪涧的秘制鱼头汤，是绝不容错过的美味。

· 与民宿主人交流，可以了解到那些隐于千岛湖街巷之中的美食馆子。

· 九龙溪漂流、龙门漂流和龙晨水博乐园距离民宿十分钟左右的车程。

幽幽空谷清自来

峪涧得名于山中流出的源头水，它隐匿于千岛湖左口乡的一个小山谷里，坐山面湖。山居生活，清闲自在。

庭院深深卧听雨

屋内的设计让人舒适，屋外的庭院更是风景如画，绿植郁郁苍苍如"森系海洋"，"夜来卧听风吹雨"也是别样的体验。

竹影山涧茶香逸

返璞归真的原生态风格，摇曳的竹影和山涧的潺潺声，峪涧山房的每个房间都备有茶具，让你可以在阵阵茶香中，享受竹影山涧带来的宁静。

浙江省杭州市临安区

杭州临安花艺小集群

杭徽古道深处，捉茶簪花，把盏甜糕

（中国 插花文化）　（节气 活动）　（美学 乐园）

" 生活需要仪式感，
而仪式感需要美来呈现。 "

民宿不只是住宿的场地，更是一处呈现"烟火气"与"文艺味"的生活空间。

花艺赋能

花艺修整的是花枝，调养的是身心。民宿主人们通过花艺技术的分享互助，以花卉养人，以自然养民宿，吸引了越来越多的花艺爱好者。

风雅美集

花艺小集群成立后，数次举办花艺酒会雅集、端阳雅集、小暑茶会、红歌朗诵等活动，让民宿生活横跨千年，携清风花语。

宁波
NINGBO
02

相比江南的传统形象，宁波洋溢着一份潇洒大气。这是一个拥有独特气质的城市，吸引着无数人走进、流连、融入。

主人：张丽娜
等级：白金宿

张家大院·水云间

用艺术影响乡村，用艺术改变乡村

文艺栖地

用艺术振兴乡村

农家式民宿

浙江民宿导览 宁波

/ 隐藏玩法 /

· 民宿经常举办各种艺术沙龙、活动，如中国美院艺术家作品鉴赏会、越剧名家戏迷联谊会、奉化非遗捏花草活动、奉化非遗甜酒酿体验会等。

· 在民宿里可以买到奉化非遗捏花草、奉化非遗甜酒酿、土鸡蛋、油焖笋、水蜜桃、大堰白茶、高山大米、奉化芋艿等特色物产。

· 民宿边上的柏坑水库碧波荡漾，美不胜收。

📍 浙江省宁波市奉化区大堰镇张家村 171 号
📞 180 5872 5191

文艺气息

张家大院·水云间是在自家老宅子的基础上改建而成的，是文艺主题民宿。民宿经营者家庭里有从事影视工作的成员。

归"宿"感

民宿为顾客们提供亲戚般的热情接待，带他们登前洋古道，闻高山稻香，看柏坑水库，赏西畈油菜花，览千年红豆杉，听巴人故事，访尚书第门楼，逛后畈缸瓦艺术村，摘水蜜桃，采高山白茶，到溪上漂流探险，让他们流连忘返。

共富共美

民宿整合资源，为当地村民销售了大量土鸡蛋、油焖笋、水蜜桃、大堰白茶、高山大米、奉化芋艿等农副产品，增加了当地农民的收入，美化了村庄周边的景色。

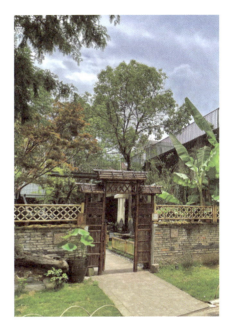

主人：李照辉
等级：文化主题民宿 / 金宿

集盒里美学民宿

在城市里找到诗意栖居的空间

美学
生活

餐茶
宿物聚

文创
精选

/ 隐藏玩法 /

· 餐厅联合宁波知名的第二空间品牌，提供优质食材打造的极致用餐体验。

· 离天一、老外滩等景点都很近，可以体验到市区里的慢生活。

宿： 原木色调的装修风格，同极致的光与影，营造出朦胧的美感。

物： 民宿主人甄选宁波各地区的文创产品和农创产品，通过创新的手段，赋文创产品以翅膀，向五湖四海的朋友展示宁波的特色文化。

聚： 有缘之人相聚一堂，古筝古琴、博学书法、修禅传道，可吟诗作赋，对酒当歌，享受时光的静谧。集盒里又何尝不是返璞归真的诗意栖居之所！

📍 浙江省宁波市鄞州区徐戎路 39 号集盒广场 13 幢　　📞 180 6751 2829

主人：李亚素
等级：金宿

枇杷花开北山里

素简如心，返璞归真，
开启美好生活的样本

(北山里)　(枇杷文化)　(文化共富)

一园十舍

北山里隐匿于白岩山脚下，枇杷林间，白墙黛瓦，一园十舍，与山同居。夜晚，枕着白岩山脚的岑寂沉沉入睡……

素简如心

质朴的木、纯粹的白、柔和的灰、静谧的蓝，寥寥几笔烘托出一个简约温馨的家。一切素然于心、淡然于怀、静然于世……

枇杷花开

枇杷林间，一草一木一席一帘之间，或采摘，或摄影，或书画，或诗歌，或研学。枇杷花茶、枇杷膏、枇杷酒……"枇杷花开"系列伴手礼为你讲述枇杷花开的故事，让你感受民宿主人最纯真的初心……

/ 隐藏玩法 /

· 汉服换装与主人共享点茶、制香之趣。

· 体验各类象山非遗：草木染、刺绣、盘扣、制香、鱼灯制作……

· 登白岩山上"江南的小布达拉宫"，山、海、田园绝妙组合。

📍 浙江省宁波市象山县新桥镇
高湾村北山 212 号

📞 135 0668 6680

主人：王少华
等级：金宿

乡遇·隐居云湖

云湖之畔，有一隐居

世外桃源

山间隐居

依山傍水

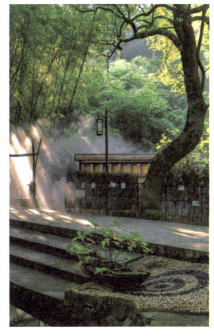

浙江省宁波市江北区慈城镇南联村

0574-5566 7199 / 180 6742 1517

古朴隐居

湖水环绕的山野间，乡遇·隐居云湖静静地矗立着。青砖黛瓦，古朴而亲切，与古村相映生辉，好似一幅水墨画。时光在这里也放慢了脚步。晨起看日出，暮息赏日落，是在此隐居的真实写照。

现代家居

虽然外观古色古香，但客房的设施并不老旧，智能家居设备齐全，保证客人住宿的舒适性。

诚意美食

这里的美食也不容错过，手作蛋糕、紫铜火锅、特色烧烤……每一口，都是诚意之作。

/ 隐藏玩法 /

· 山野间的一切都可以尽情享受：夏天可以在民宿门口的池塘里玩水；冬天可以坐在院子里喝一杯热茶，体会乡野人家的乐趣。

· 民宿边上的英雄水库，面积广阔，青山碧水，非常适合游玩。

· 浓浓的古典风格，穿上汉服，分分钟出片。

蜃海湾

主人：王军辉
等级：金宿

一岛一宿一世界

 蓝湾绿岛

 听海踏浪

 岛上唯一民宿

/ 隐藏玩法 /

· 蜃海湾民宿坐落的岛上，有古树群、古道、寺庙……非常适合静心度假，品味禅意。

· 出门就是大海，可以漫步整个岛屿。

· 可以乘坐游艇出海海钓，在游艇上品尝新鲜的海鲜大餐！

一岛

民宿藏身于横山岛风景如画的山谷间，背靠茂林修竹，直面沙滩大海，拥有无可比拟的自然风景和独特的地理位置。这里有泳池、沙滩，可以露营、烧烤、赶海、抓螃蟹。

一宿

清晨，海平面上的第一缕光线照进房间，鸟儿唱着清脆的歌声呼唤你起床；傍晚，伴着夕阳最后一道余晖漫步在沙滩上；夜晚，虫声低吟相拥入眠。

一世界

岛上只有这一家民宿，住在里面仿佛拥有了整个小岛。闲来无事，在岛上来一场避世之旅，体会一整个世界的宁静。

📍 浙江省宁波市宁海县横山岛景区内

📞 0574-6537 0999

依山傍海

东旦村位于象山中部，三面环山，一面靠海，而每墅·玖海民宿就位于东旦村的东首，闹中取静，依山而建，每个房间都是面朝大海的海景房。

民宿理念

凭着民宿主人谢敏对家乡的深厚感情与对民宿行业的热爱，这栋三层楼的建筑日渐时尚、舒适。谢敏注重客人体验，致力于让客人住得舒服、玩得尽兴。客人玩累了，他还会拿出肥美的海鲜招待客人。正如他所说的那样："让每一位来到每墅·玖海的朋友，睡在山海间，住在人情里。"

活动丰富

民宿后面的山坡上有一块专门开辟的室外活动空间。喜欢热闹的可以一起狂欢，喜欢安静的可以坐在一旁吹吹海风，惬意十足。

/ 隐藏玩法 /

· 民宿后面的山坡上可以唱卡拉 OK、举办烧烤派对，可以与朋友一起狂欢，也可以开展新的社交。

· 民宿前的东旦沙滩是一块未经开发的胜地，非常适合沙滩表白。来一场精心策划的沙滩表白，让阳光、沙滩、海浪见证你们的爱情！

每墅·玖海

睡在山海间，住在人情里

主人：谢敏
等级：金宿

海洋渔文化　剪纸文化　地道象山菜

浙江省宁波市象山县东陈乡东旦村 56 号

0574-6573 0573 / 133 0666 6933

主人：龚红波
等级：金宿

勿舍私享美宿

源于三代人的思想碰撞，
勿舍，一个有思想的民宿

亲子民宿　　勿舍书吧　　伴山伴水

"离尘不离城"

民宿坐落在村落和群山之中，坐拥优质环境，离宁波中心城区只有半小时的车程，既能远离尘嚣，又享有各种便利。

颜值品质并存

民宿周围景色宜人，东面和北面被一片竹林包裹，青山翠竹，流水潺潺，鸟鸣虫吟，令人心旷神怡。民宿配有餐厅包厢、影音室、瑜伽房、庭院露台等，各种设施一应俱全，满足不同旅客的需求。

匠人之心

民宿设计师以生态设计理念为基础，在"可以老去，不曾放弃"的匠人之心创立"勿舍"品牌的基础上设立民宿。匠心满满，服务无微不至，让客人有宾至如归之感。

/ 隐藏玩法 /

· 民宿售卖年糕、笋干、杨梅酒等当地特色物产。

· 网红书吧："勿舍书吧"，既能静心读一本书，又能供你拍照打卡。

· 自驾十分钟就能到达有两千多年历史的慈城古镇。

📍 浙江省宁波市江北区慈城镇毛岙村
📞 139 0574 8902

朴舍民家

主人：邱婷
等级：金宿

仿宋小居，荷塘品茶

 宋文化

 木结构建筑

 茶文化

📍 浙江省宁波市象山县茅洋乡白岩下村28号

📞 150 8845 8151

仿宋小居

　　朴舍民家民宿位于象山县茅洋乡白岩下村，于2019年开始建造，投入近四百万元，采用中国传统木结构的建造工艺，以宋风主题来打造，纯粹、清雅、古色古香。

宋韵小村

　　民宿建成后，成功带动许多年轻人回乡创业。在朴舍民家之后，又一家宋风民宿雅舍建成。目前，白岩下村以打造"潮隐西海岸、共富样板区"为目标创建宋韵小村。

美味餐食

　　据说民宿提供的饭菜都出自民宿主人之手，获得了许多客人的一致好评。民宿主人还会自己包包子，做各种家常菜，抚慰你的味蕾。

/ 隐藏玩法 /

· 早餐可以吃到民宿提供的一大碗鲜美十足的海鲜面。

· 民宿的后面就是玻璃栈道，带你体验不一样的刺激！

· 民宿附近有一个赶海乐园，带上装备去体验赶海的乐趣吧！

丹橘山房

主人：任瑜
等级：银宿

田园风光, 农家风情

田园风光

草坪果树

自助采摘

| 隐藏玩法 |

· 客人可以借用民宿的厨房，自己动手制作美食。

· 客人可以体验农家乐，自助采摘时令蔬果。

· 等到十月，漫山遍野的橘子都会成熟，不仅景色壮观，客人还可以体验摘橘子。

田园风光

民宿外观简约大气，周围是整齐的菜地和生机勃勃的果树，远处山峦迭起，湖水波光粼粼，山清水秀，一派田园风光。

农家风情

民宿主人非常热情好客，会亲自下厨为客人做饭，用自制的杨梅酒招待客人，给客人以家的感觉。民宿还十分注重卫生，住宿环境整洁有序，让人一扫旅途的疲惫，度过舒适安心的夜晚。

免费景点

民宿西面一百米处就是灵湖，现已成为免费景点。一片野蛮生长的绿地，配上碧蓝的湖水，在旅途中惊艳你的双眼，偷得浮生半日闲。

浙江省宁波市慈溪市龙山镇潘岙村上路谭路 111 号

137 5745 3258

/ 隐藏玩法 /

· 民宿的岚 · 日式料理，其菜肴如风景画一般精致，能带来视觉和味觉的双重体验。

· 房间内配有木质汤池，质感舒适。

· 提供汉服、和服租赁，庭院内处处可拍出大片。

📍 浙江省宁波市宁海县跃龙街道外环西路 369 号

📞 139 8939 8878

新中式的延续

采用唐朝古建筑的结构，糅合了新中式的风情，空间规划、摆饰设计无不彰显儒雅、端庄之气，经典木色与灰瓦白墙中飘出淡淡的东方禅意。

博物馆的跳脱

民宿藏匿在宁海东方艺术博物馆内，公共区域与客房装点着艺术品、画作，博物馆的藏品仿佛走出展柜，走进生活。在这里，客人还可以体验金箔传统工艺制作。

"非遗活化"

热爱非遗文化的民宿发起人将宁海十里红妆婚俗、泥金彩漆、清刀木雕等非遗项目与民宿相结合，将其打造成特色体验与文创产品，用创意为非遗注入新的生命。

岚月山房　主人：黄雍　等级：非遗主题民宿

岚月清风中，意在山水间，一步一景致

 十里红妆婚俗　 泥金彩漆　 清刀木雕

⊙ 浙江省宁波市象山县

海山秘境
民宿小集群

 石浦鱼滋面　 鱼拓画　北纬30度最美海岸线

" 小渔村有大魅力，
把最有腔调的民俗和民宿送给你！"

海山秘境民宿小集群位于"世外桃源，海山秘境"的石浦沙塘湾渔村。村庄背依青山，民居面朝大海，潮起汐落，涛声入梦。

沿海而建

村东南为海湾，有长约五百米、宽约两百米的沙滩。玖月初见、潮烟里、海上牧心等民宿靠山沿海而建。

与村为邻

民宿群与村落自然组合，既有渔村淳朴的原貌，又有现代自然的休闲，构成了一幅奇妙的山海画卷。

以人为本

民宿群以人为本，浓聚海洋文化、闽南文化及古渔村民居文化元素。

温州
WENZHOU

从山间居所到林中小屋，从海边美宿到湖岸一隅，在温州，永远有最动人的故事和最温暖的回忆。

侨家乐民宿集聚区

百汇阳轩

寒舍迴塘

雁荡雁湫小院

遇见云崖

智友轩

驿游民宿

麂海心踪

月笼溪沙

霖野民宿

霂野民宿

主人：卢雨霂
等级：白金宿

一山一水一田间，一食一宿一乡闲

 自然野奢　 文艺优雅　 森系简约

/ 隐藏玩法 /

· 一笔一画，一词一句，手写情书，纸短情长。

· 民宿内的钢琴是民宿主人的，试着弹几个音，也是别有一番趣味。

· 民宿内有一个篮球场，可以畅享运动的快乐。

田间乌托邦

漫步"霂野"，空气里飘浮着自然的清香，脚下是青草与石头路，眼前是斑驳树影与蓝天白云。

一手设计的江南

南风作序、一树清露、醉花流萤……每一间房，都是民宿主人卢雨霂一手设计的。不同的设计风格，不同的风景，你总能找到属于自己的放空之地。

杯酒酿乡闲

"今日听君歌一曲，暂凭杯酒长精神。"民宿内的酒馆全新升级，满足来客们发呆、聊天、放空的各种需求。伴着露天电影、露天星光天幕，一起听秋风与落叶的交响曲，一起品一个乡闲。

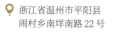

浙江省温州市平阳县
闹村乡南垟南路 22 号

178 1631 0851

繁世一场梦

月笼溪沙是藏于这繁世的梦，融于青山，合于廊桥，这世上所有的生活褶皱，都可以被这份温柔和朦胧抚平。

枝叶分动静

在每一间房里都能看到不同的山间风景。客人可以触摸植物的枝条，感受万物生存的意境。民宿的院落动静分离，娱乐和静谧可以互不打扰。

四面八方美景

客房的前后都有花园，你可以在轻音乐的陪伴下慵懒地流连于亭台楼阁间，也可以带着孩子到溪里捞鱼，在地里种菜，枕月而眠，感受真正的归园田居。

 月笼溪沙

主人：王永刚
等级：金宿

 唐风大宅

 溪水廊桥　乡野诗情

在月笼溪沙，枕月而眠，享受唐风大宅的浪漫

/ 隐藏玩法 /

· 在田野里看风景，头顶着星空入眠，在泳池里轰趴狂欢，满足客人不同需求。

· 溪边捞鱼的趣味值得解锁哦。

· 提供"木拱廊桥营造技艺"和"提线木偶戏"两种特色非遗体验。

📍 浙江省温州市泰顺县泗溪镇下桥村下花园古民居

📞 139 6770 0878

麂海心踪

主人：谢作永
等级：银宿

东海明珠, 至美北麂

（海岛古宿）（鱼拓非遗）（海钓海鲜大餐）

/ 隐藏玩法 /

· 过水屿的日落、破败的石头房都可以拍出大片。

· 东联村依山而建，在石头村拍照也很好看，在壳菜岙村可以看海。

· 民宿建在山上，非常安静，和小伙伴一起去养生很不错哦。

石头风情

民宿保留了原生态石头房外貌，石缝紧咬成线、错落有致，形成北麂独特的民居建筑风格。石头房书写着北麂岛逝去的历史，这恰恰是生活中一缕平常的烟火气息。

渔村风情

在北麂岛，海景是天成的，生态是天然的，生活却是烟火气十足的。车水马龙之外，山海交融之间，正是因为低调，北麂岛恰好保留了最恬淡、最淳朴的渔家风情。

灯塔日出

距离民宿十分钟车程的灯塔是北麂岛上最出名的网红打卡点，也是温州海域唯一一座大型的国际灯塔。在环岛路上漫步或骑行，在灯塔上看海边日出，听《渔舟唱晚》。

📍 浙江省温州市瑞安市北麂岛
立公村近北麂岛国际灯塔

📞 0577-6565 6767

/ 隐藏玩法 /

· 驿游民宿的客人不仅能来住民宿，还可体验到民宿独有的微课程。主人还为当地留守的贫困学生与住客搭建结对帮扶的桥梁。

· 岭北村民家家户户酿酒。酿酒时节，客人在驿游民宿还能学酿农家酒。

📍 浙江省温州市泰顺县罗阳镇岭北社区村尾村府前路

📞 135 6627 2779

结缘岭北

民宿主人带领的团队为泰顺岭北社区研发了富有当地特色的"五古"研学课程，使岭北社区顺利成为温州市研学基地。

同富同学

民宿主人也为民宿研发了一系列城乡"童学风迹"主题研学课程和"儿童规划整理收纳"课程，所以驿游民宿是以"助学、研学"为主题的民宿。

搭建桥梁

驿游民宿因助学而来。驿游开业不久，民宿主人就发起组建了"驿游助学团"，搭建桥梁让来驿游住宿的热心游客帮扶岭北的贫困学生。目前，结对帮扶成功的已有十三名学生。

驿游民宿
主人：刘艳艳
等级：银宿

依山傍水临竹，田园廊桥驿路
世事多少变迁，方外民风如故

助学研学　童学风迹　流动书亭

智友轩

主人：苏银府
等级：银宿

藏一处山间书香，染一方水土文化

迷你
藏书阁

淡雅
慢生活

特色
农家菜

/ 隐藏玩法 /

· 看美丽的天河水库。

· 民宿提供烤炉，还可以开泳池派对。

· 早上会有管家精心准备的早餐。

浙江省温州市瓯海区仙岩街道
盘垟村 66 号

159 8870 2572

回归本真

民宿中空挑高的休闲区设计，让整个民宿的空间宽敞明亮、雅致大气。所见之处皆为原生态实木材料，保留木材本色，贴近自然感官，以此远离钢筋水泥的冰冷疏离。

书香慢生活

内厅书架上摆放着万余册各种各样的图书。墙上悬挂多幅字画，其中不乏马亦钊、汪庭汉等名人之作。书案、茶台、榻榻米，到处洋溢着浓浓的书香文墨之气，这也就不难理解为何这里取名为"智友轩"。

微醺大罗山

如果你是爱酒之人，可以从民宿的迷你小吧台上琳琅满目的酒里取上一瓶，夜晚时分，小酌几杯，逍遥自在。再点上几首歌，与友高歌，酣畅淋漓，不过如此。

/ 隐藏玩法 /

· 南崖森林公园是永嘉十大最佳氧吧之一，可以去南崖爬山，上下山大约需要四个小时。

· 里岙村泳池——当地人喜爱的秘密基地。

· 民宿附近有西瓜地，可以在夏天品尝到最新鲜甜爽的西瓜。

📍 浙江省温州市永嘉县岩头镇里岙村村口

📞 139 0663 3186

遇见云崖

主人：郑端佩
等级：银宿

依楠溪，揽云雾，不是南崖是云崖

中欧趣味　　独门独院　　云烟南崖

别样的空间

民宿不羁的木质空间，桀骜的多肉绿植，欧式风味的吧台与长木吧台的结合浑然天成，既体现了中国工匠的细腻，又打造了现代欧式的趣味。

千年的楠溪

永远的山水诗，最美的桃花源，楠溪江边，南崖山下，云雾之中，在巨大的榻榻米上欣赏落地窗外的风景，惬意自然。

家庭时光

民宿里有许多舒适、大空间的亲子房，非常适合父母带着孩子来旅行，让孩子在云崖遇见有趣的童年。

木雕
古琴

以木
分院

飞瀑
龙湫

浙江省温州市乐清市
雁荡镇能仁村东园 12 号

138 6871 2562

一曲高山流水

一张古琴，千百木器。雁荡雁湫小院的女主人曾从事木雕行业二十多年。在小院里，到处都是名贵的木材，连房间名字都是依照木头命名的，其屋内的家具材质也与室名一一对应。以木为景，配上女主人美妙悠远的琴声，简直快哉。

两位知心友人

雁湫小院不仅有独特的木雕文化和古琴茶香，最适宜的是，还可以和山水相遇，和山水间的友人相遇。民宿主人既可以和你谈天说地，又可以同你谈人生、谈理想。

四面八方美景

"五丈以上尚是水，十丈以下全为烟。况复百丈至千丈，水云烟雾难分焉。"抬头即是美景，水雾缭绕间，夜半耳边似乎还能听到山间百丈龙湫的飞瀑声。

主人：詹美华
等级：文化主题民宿

雁荡雁湫小院

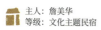

在山色中与木香相遇，
在飞瀑声中与古琴合鸣

/ 隐藏玩法 /

· 民宿边上有一条小道，非常适合徒步。

· 女主人的琴声千万不能错过。

· 一个望远镜，可以让你在夜晚探寻天空的奥秘。

/ 隐藏玩法 /

· 结合了中式茶点的食材和西式甜点的方法，加上非遗传承印章的魅力，制作极具迥塘特色的迥塘山药糕、迥塘山药酥、迥塘山药饼等。

· 民宿特邀原本在意大利开中餐馆、做了三十多年农家乐的老师傅。

寒舍迥塘

主人：黄靖
等级：文化主题民宿

愿寒舍不寒，都迥长塘

侨乡
美食

古法
梅子酒

助农
富农

面积广阔

近十亩土地，只服务民宿的七个房间，不仅房间大而奢华，院子更是各种设施齐全，包括非遗体验场所、活动体验工作室等。入住这里，绝对不会感到无事可做。

创意菜品

民宿主人从意大利回国，文成又是侨乡，所以主人一直致力于侨风味和乡村特色的融合。比如采用当地水果，用在意大利学习的技能制作果酱；选用当地山羊，加入西式调料制作烤全羊；选用本地土鸡，制作迷迭香柠檬烤鸡……风味独特，值得品尝。

引领共富

民宿采购当地村民种植养殖的特产，既让客人品尝到当地的独特风味，又带动了全村村民共同增收致富。红薯、蜂蜜、梅子酒等各种特产等你来品尝。

📍 浙江省温州市文成县百丈漈镇长塘村

📞 138 6866 1130

百汇阳轩

主人：刘剑波
等级：农家乐

在这里遇见名人的故乡，
遇见一抹留在温州的意大利风情

 名人故乡

 意大利风情

 侨家乐

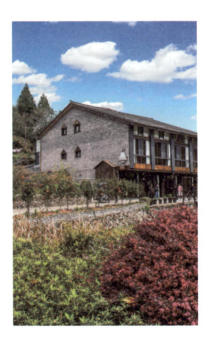

超赞口碑

预约排到下一年的民宿到底是用什么打动人的呢？那便是口碑和温情。一个像家一样的地方才会让人想把它当作身心的放松之地。百汇阳轩作为一家以侨家乐为特色的民宿，用它特有的温情和华侨的特殊性在美丽的文成等你来相聚。

阡陌归隐

"我昔住在南山头，连山下带清溪幽。山巅出泉宜种稻，绕屋尽是良田畴。"这里是明朝开国元勋刘基的故乡。在这里小住，仿佛能看到当年的生活风貌。阡陌交通，自有一股隐士之风。

微醺大罗山

民宿的大部分客人是四十岁以上或者正享受退休生活的中老年人。民宿也很少接散客，通常以半栋或整栋的形式预订，非常适合家中长辈出来散散心，和老朋友们一起相聚。

/ 隐藏玩法 /

· 来民宿前可以联系民宿主人让他推荐车辆，可以便宜好多。

· 民宿主人对意式咖啡与美食有深入的研究，能为客人提供纯正的意式咖啡和比萨、焗面、焗饭等美食。

· 这里的秋景可是一绝。

📍 浙江省温州市文成县南田镇武阳村

📞 150 8895 1097

浙江省温州市文成县

侨家乐民宿集聚区

土到了底，洋到了家

" 展现国际文化与中国乡村文化
紧密融合的美好画卷。 "

瓯越侨韵　慢城乡愁　侨家样本

这里的民宿对"家"的理解和感情都更深一层。

中西合璧

外观是古色古香的中式庭院，配套却是欧洲油画与洋酒西餐，在质朴山林间倒一杯咖啡，听听侨家民宿主人讲述萍飘蓬转、去国还乡的故事。

共打"侨"牌

同是"侨家乐"，却各有"侨家色"。通过一个主人、一个故事、一个微视频、一个主题房、一桌特色菜、一个伴手礼、一批书籍、一系列活动的"八个一"特色打造，充分展示侨元素，体现民宿主人的异国他乡经历和家乡情结。区域共打"侨"牌，带动更多村民共同致富。

嘉兴
JIAXING

04

走进嘉兴，能感受到红色基因在这座城市的血脉中流淌。秀水泱泱，红船依旧。坐上摇橹船，听得故里橹声欸乃。嘉兴的美，已然留在心中。

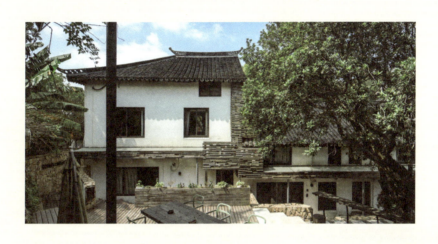

乌镇虹桥村民宿集聚区

七月隐庐

候木民宿

近云九舍

亦心民宿

谷屋民宿

璞意隐居

隐河三居

梵净客栈

主人：杨明泉
等级：非遗主题民宿 / 金宿

梵净客栈

于留白，欲无为

/ 隐藏玩法 /

· 民宿主人是个文人，据说是西塘四大才子之一，厅堂里到处都是他的墨宝。

· 充分利用古建筑文化优势，与非遗传承人和非遗单位合作举办展览活动。

· 这里还是许多影视剧的拍摄地。

明清
建筑

百年
历史

修旧
如旧

浙江民宿导览 嘉兴

浙江省嘉兴市嘉善县西塘镇塔湾街 19 弄 3 号

153 7236 8001

历史沉淀的时间感

《西塘镇志》记载，这里曾是清代初期大户沈家的五进宅院，已有三百多年的历史。梵净客栈既还原了历史古建筑的风格，又兼顾了现代文旅的品质，这里早已成为西塘古镇文旅的一张金名片。

文人书写的浪漫感

民宿主人是一名退休的高校教师，博学多才，对文旅民宿情有独钟。白墙黑瓦绿藤蔓，一种莫名的安宁感，都是民宿主人浪漫的细节。

梦里不知身是客

墙外探入的凌霄花，厅堂飘来的水墨香，一不小心掉入睡梦中，梦里坐在树影下，月亮升上墙头，一晌贪欢。

/ 隐藏玩法 /

· 当从巷子里照进来的阳光, 洒在顶楼的餐厅和你的脸颊上时, 一定别忘了拍照留念。

· 累了一天别忘了做个舒服的 SPA 去除疲劳。

· 没有人能拒绝夜晚在池边喝小酒、吃烧烤。

📍 浙江省嘉兴市桐乡市乌镇镇凤仙路 182 号

📞 137 3647 7284

隐河三居

 主人：钱洪
等级：金宿

心的乌镇, 来过, 便不再离开
雅的隐河, 住过, 便不再遗忘

 轻奢禅意　顾绣非遗　扎染布艺

儿时的梦想

几个幼时的玩伴, 拉钩许下了一个共同追求梦想的承诺, 依河畔相聚, 隐居在桃花源间, 不闻凡尘事, 不求名与利, 享受动中之静, 珍惜现有时光。

青年的热爱

他们带着满腔的热情创造了这个承载着年轻人对悠悠故乡、对精品民宿、对乌镇情怀无限追求的品牌。

隐河一岸

静, 因之曲径通幽, 并未临街而建, 这条三四十米的小道, 便隔开了人间烟火。闹中取静, 感受市井中的悠然恬淡, 与悠悠河水, 共享慢时光。三省吾身, 思凡尘几许, 随流水远去。

浙江民宿导览
嘉兴

璞意隐居

主人：沈国华
等级：金宿

有点禅的意境，加之隐居的清静

(江南庭院)　(禅意和风)　(竹编文化)

璞意

　　取自"夫质者朴也，有崇尚太璞之意"。一花一世界，一叶一菩提，失之尘嚣，得之自然。正所谓："曲径通幽处，禅房花木深。山光悦鸟性，潭影空人心。"

庭院幽幽三分禅

　　推开竹制的大门，仿佛穿越到了另一个世界。青草悠悠，自在生长，幽静里偶有鸟啼虫鸣。这里，白墙黑瓦，古色古香，未曾踏入便已神往。

水声潺潺半日闲

　　前院水声潺潺，中庭落花悠悠，后院庭院深深。观鱼、赏花或发呆，泡一壶暖茶，聆听乌镇的细雨声，憧憬着旧时的江南，放空烦杂的心灵。

/ 隐藏玩法 /

· 民宿内的猫咪可以带回房间撸。

· 想吃到具有乌镇特色的美食，一定要去问问民宿女主人。

· 民宿也有小酒吧和剧本杀。

📍 浙江省嘉兴市桐乡市乌镇镇慈云路451号

📞 138 1937 7352

谷屋民宿

主人：徐良
等级：银宿

住进群猫环绕的温馨小家，目之所及，皆心动

 猫舍　 汉服体验　 乌镇韵味

持续思考"如果……"

谷屋的特色不仅在于景、在于玩，还在于美、在于乐。如果喜欢猫，喜欢汉服，喜欢静静地听着音乐喝喝酒，如果还有如果，那便是在谷屋等我。

永远期待未知

谷屋的温柔与舒适，悄然安放于旅行的希冀之中，可能是不经意抬头透过落地窗望见的田野，也可能是与你转角相遇的猫咪。

总会邂逅知己

谷屋让你做你想做的事，让你遇见兴趣相投、志同道合的人。生活不会埋没梦想，时间不会困住目光，在谷屋，不见不散。

亦心民宿

主人：沈国华
等级：银宿

像是我巷子里的小家

(弄堂民宿)　(汤池民宿)　(樱花树下)

杨柳青青湖水平

夜幕降临，雾蒙蒙的古镇静谧又安详，小巷里挂满灯笼，那是为归家的人亮起的灯。周围都是有故事的清吧，在微醺下也能找到家。

樱花飘飘风正清

"亦心"就是"恋"，每间房间里都能看见樱花，民宿门口牌匾上"有生之年恋上你"是写给每一位过客的，我想老板一定也是位浪漫的人。

经过一座城，寻觅一间房

穿过烟雨长廊，奔赴与好友的约会。闲适时撸撸小狗、搓搓麻将、看看电影，既满足客人休闲娱乐的需求，又读懂了客人的心。

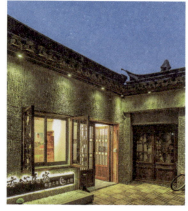

/ 隐藏玩法 /

· 天台的风景独好。

· 距离西塘最有名的"酒吧一条街"仅一个路口拐弯——闹中取静是亦心民宿被客人们喜欢的最大理由。

· 下午四点半后从民宿进入景区可免门票。

📍 浙江省嘉兴市嘉善县西塘镇
　　烧香港北街 26 弄 4 号

📞 135 8875 9498

近云九舍

主人：陆月秋
等级：银宿

夏天很短，但这里甜蜜的梦却很长

(时尚乡野) (研学活动) (手工泥塑)

返回： 一屋九舍，坐落在一个村子内，温馨别致，简约而不失格调。面前有稻田，附近有花海，甜蜜的巧克力和旖旎的水乡都能让你魂牵梦萦。

梦回： 田野边，打开窗，虫鸣叫，就像回到了小时候的夏天，太阳透过白色的纱帘照进来，躺在凉席上，风扇呼呼吹，燥热的天气却让人像漫步云上。

召回： 在九舍，某些时候你会忘了你是一个人在旅行，九舍的温馨、主人的热情，好似带上了至爱的人来此度蜜月一般。

/ 隐藏玩法 /

· 可以去打卡游玩附近钟埭街道的樱花小镇。

· 从民宿主人手里买温泉票会更便宜。

· 与丁海龙非遗传承馆合作，可手工制作泥塑作品。

📍 浙江省嘉兴市嘉善县大云镇曹家新村 530 号

📞 135 0683 1917

候木民宿

主人：陈岑
等级：银宿

候鸟归巢，这是栖息的家，一切相思还安好

疗休养　　竹编工艺　　茶修课程

/ 隐藏玩法 /

· 时令手作伴手礼的惊喜已经不算隐藏了。

· 寒暑假是民宿活动最多的时候：竹编知识的讲解、竹编画的设计搭配、各种编织手法的认识等。

· 对外开设了茶修课程。

乌镇的梦

生活热气腾腾，来来去去，岁月无尽，倾力而为的初心，不增不减的守望。在候木留点时间让自己停留，泡上一壶茶，让内心变得如茶一样温存，用梦去面对起伏的生活。

江南的人

民宿女主人是土生土长的乌镇人，性格温柔，热情好客，喜欢下厨，擅长茶艺，一泡一斟间喜迎来自天南地北的朋友。

共富的我们

食当地的农副产品——乌镇湖羊肉、湖蟹、三白酒、姑嫂饼、杭白菊……遇本地的乌镇朋友——候木民宿的员工都是本地人。来这里不仅贴近了最真实的乌镇生活，更是牵手了共富的我们！

📍 浙江省嘉兴市桐乡市
　乌镇镇幸福新村 7—8 号

📞 138 1907 6068

七月隐庐

主人：薛丹
等级：银宿

○藏品交流　○徽派建筑　○四季慢生活

品茶闻香，对酒赏月，山中一日，世上千年

离凡尘一步之遥

在这里，南北湖，近翠远黛，簇拥一池碧水，一片诗情画意。湖边、山林、古城、滨海，多少名人雅士为它逗留。七月隐庐的"四季慢生活"就在这"自然的璞玉"中拉开帷幕……

距自然眨眼之间

麦秆的墙面、不刷漆的老木料、经历风霜的紫竹、古老的青砖瓦片、纯天然的麻布……自然的生活，让人不经意间回到了那个年代。

在这里遇见美好

在海边，在林间，在湖岸，在隐庐，把生活、情怀与理想都留于此。就在这里，等待遇见美好。

/ 隐藏玩法 /

· 坐在院子里那棵七十岁高龄的杨梅树下吃杨梅。

· 民宿主动开发餐饮和季节性旅游路线，开展季节性的采摘活动。

· 不要因睡懒觉而错过了令人惊喜的早餐哦。

📍 浙江省嘉兴市海盐县澉浦镇
　南北湖风景区奕仙城 3 号楼

📞 137 9526 9379

📍 浙江省桐乡市乌镇镇虹桥村 🎁

乌镇虹桥村民宿集聚区

灵动的水, 宁静的村

" 响应建设'美丽中国'的号召, 推进建设'美丽乡村'的进程。"

(水乡风情) (江南风貌) (乡村肌理保护) (新旧结合) (动静相宜)

水乡风情魅力无限, 江南风貌原汁原味。水网交织, 阡陌纵横, 站在这里就勾起了乡愁。

新炊麦饭满村香

虹桥村聚集了三百多家民宿, 有效带动了村民致富。全域规划一体化, 连片规划乡村, 实现乡村整体美、城乡全域美。

江南碧水共享有

一方江南小村的宁静, 两处虹桥民宿的集聚。这里最普通不过的自然风光, 视野范围内可及的平常之物, 都让人心神向往。

湖州

05

HUZHOU

进是空山幽谷，出则乡村自然，品一壶白茶，仿佛能感
受到茶圣陆羽当时在湖州结庐隐居的心境。

湖州吴兴妙西民宿集聚区

卧丘山居

瀛轩民宿

木叶夏民宿

归心民宿

伴花山宿

囿舍

弥宫民宿

泊心千寻

妙溪民宿

塔莎杜朵民宿

🏠 主人：周云云
等级：白金宿

塔莎杜朵民宿

依山而建，半身嵌在汪洋竹海中

（摩洛哥庄园）（鸟笼庭院）（密林竹海）

睡山野田间

　　庭院的汀步走道，伴着斑驳的光影、碧蓝的泳池和摇曳的芭蕉树，仿佛穿越到了海边。醉人的落地窗，窗外是满山的竹林，又像睡进了竹海山林。

做童话公主

　　坐在摆满热带绿植的花房里，弹一首钢琴曲，或是拿起画板淡淡涂抹两笔，日光透过窗户照进来，叶边的绒毛泛起金光，那颗心也终于按捺不住了。

享青春美梦

　　盏盏烛灯倒映于池水中，水波荡漾。在这里，连虚度光阴都不觉得是浪费。

/ 隐藏玩法 /

· 当下十分火热的综艺嘉宾也曾入住这里。

· 房间内可以看到点点星空，躺在全景浴缸里可以看阳光、赏竹影、泡玫瑰浴。

· 来参加一次露天晚宴，看一场露天电影。

📍 浙江省湖州市德清县莫干山镇
　劳岭村乌龙山 24 号

📞 186 6813 5090

（ 亲子
民宿 ）　（ 竹林
茶山 ）　（ 网红
滑梯 ）　（ 无边
泳池 ）

妙溪民宿

主人：汪颖
等级：白金宿

一溪风月妙，茶中日月长

/ 隐藏玩法 /

· 冬日一定不能错过的沉浸式温泉体验，清空所有的疲惫。

· 带上孩子来长颈鹿庄园，还能购买胡萝卜亲自投喂长颈鹿。

· 超长网红森林滑梯，"大宝宝"们也能感受童年的快乐。

· 民宿主人的蠢萌小柯基热情又黏人，十分治愈人心。

📍 浙江省湖州市吴兴区妙西镇龙山村柳佳村 2 号

📞 133 0572 4535

引茶共富，享尽清欢

民宿主人以茶文化为主题，牵头引入大师制茶工作室，打造本地茶叶品牌，提升当地农副产品附加值。闲暇时刻，相约三两知己，煮一壶清茶，嗅茶香，品茶味，谈笑风生。

过竹海，戏精灵

炎炎夏日，唯有院内苍翠欲滴的株株绿竹能消解心中躁郁，令人心旷神怡。夜幕降临，点点星光将思绪引回儿时夏日，与萤火虫浪漫邂逅。

特色房间，自成一景

"追暮""听涧""揽月""寻谷""阅岭""书竹""乘雾"，每间房都以透过房内视角所裁得的独特风景而命名，自成一景，充满诗情画意。

泊心千寻

主人：柏金炎
等级：金宿

觅一淡泊静心地，散尽三千烦恼丝

(咖啡
甜点)　(银杏
古道)　(龙猫
周边)

/ 隐藏玩法 /

· 站在玻璃桥上，将自己完全置身于天地之间。

· 银杏谷漂流、小火车，各种网红打卡地在向你招手。

· 院里有秋千、滑梯，院墙上有手绘龙猫，这里是小朋友的乐园。

· 民宿主人亲手制作的手冲咖啡值得一试。

浙江省湖州市长兴县小浦镇八都岕潘礼南村

137 3823 2298

人间有味是冷萃

每一个微风沉醉的午后，都有几位有缘人，围坐在散发着木质清香的桌前，赏院里竞相争艳的百花，品民宿主人精心制作的手冲咖啡。在"李子柒式"的农家小院里，体味不一样的山间咖啡。

以药为名，沉静人心

清热解毒"重楼间"、理气宽中"紫苏间"、杀虫辟恶"丁香间"、解热清暑"佩兰间"、暖肾纳气"沉香间"、活血祛瘀"凌霄间"、明目安神"忘忧间"……每一间房都能让客人身心疗愈。

"超时空相遇"

宽敞的休闲大厅，十二间房，老木头，水泥墙，是时尚与古朴的结合；明亮鲜艳的手绘龙猫墙，滑梯，古街旧道，银杏，是新兴与古典的相遇。

浙江省湖州市德清县莫干山镇
高峰村李家塘 5 号

153 5501 3355

弥宫民宿

主人：姚苏芳
等级：金宿

漫游童话世界，化身城堡里的公主（王子）

（摩洛哥风格）（无边泳池）（花园城堡）（篝火派对）

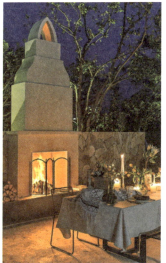

"农家巴厘岛"

于片片荫绿中隐现，由农家别墅改造而成。绵延的山林、有机农地与浪漫奇幻的豪华城堡、无边泳池相得益彰，丝毫没有违和之意。更有贴心的管家服务、巴厘岛同款漂浮早餐、精致法式下午茶……等你来打卡。

本味农家菜

身居复古欧式大城堡，舌品本味新鲜农家菜。地道醇厚的土鸡汤、鲜美脆爽的时令蔬菜、满齿溢香的家常小菜，用最简单的方法还原食物最纯粹的鲜。

花园中的城堡

入口处，一座颇具仪式感的拱门型建筑瞬间带你进入欧式城堡。氛围感十足的摩洛哥风格建筑，屹立在四千平方米的美丽大花园中。每个季节都有鲜花盛开，将城堡笼罩在一片梦幻之中。

/ 隐藏玩法 /

· 饭后，骑着白马在广阔的草坪上散步是何等惬意。

· 入住星空房，与好友在浩瀚星空下分享悄悄话。

· 畅游在浪漫的无边泳池里，变身美人鱼，拍出大片。

· 夜幕降临，与好友在泳池边来场酣畅淋漓的篝火派对。

围舍

 主人：张蕾
等级：金宿

古镇烟火气　宋韵文化　老物新生

不囿于心，一舍半闲

古镇烟火气

　　围舍坐落于南浔古镇，是最具烟火气的"百间楼"，临河而建。层层叠叠的马头墙，灰白的古墙衬托着红色灯笼，老街的青石板探入河中，没有过多的喧闹，却是理想中的市井生活。

宋代雅致生活

　　民宿主人为了给客人提供最舒适的居住空间，只设计了六间客房。这里的每一间房都是独一无二的，"围茶""围香""围墨"三间河景大床房分别以品茗、香道、书画为主题，"烧香点茶，挂画插花"重现宋代文人的雅致生活。

老宅重获新生

　　民宿依托于古镇，相融于古镇，时间在旧建筑沉淀形成的斑驳质感中，平衡了现代生活对空间及功能的需求，实现了新旧建筑恰到好处的结合，让老宅重获新生。

/ 隐藏玩法 /

· 品尝"三道茶"是围舍最有仪式感的入住体验。

· 电视剧《风再起时》的取景地之一，大厅里摆放着当时的剧照，可以拍同款哦。

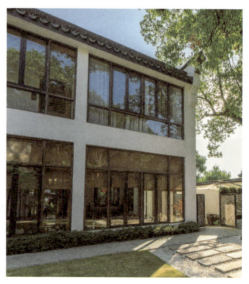

📍 浙江省湖州市南浔区南浔镇百间楼河东 79—82 号

📞 186 6730 2885

（ 花园
城堡 ）（ 果园
采摘 ）（ 法式
浪漫 ）

伴花山宿

主人：冯亚婷
等级：金宿

与百花相伴，丰盈漫漫一生

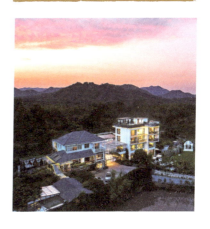

与山为邻

一座坐落在广阔无垠的茶山之间，被众星拱月般环绕着的花园别墅，周围是层层竹林，远眺即是梯田茶山，是真正的依山傍水，融入自然，避暑秘境。

与花同居

五千平方米的浪漫庄园，上万株鲜花在各个季节竞相开放。清晨闻鸟语花香，夜晚枕百花入梦，仿佛化身花仙子，流连繁花间。这里是名副其实藏在山间的"秘密花园"。

灵感天堂

如空谷幽兰般伫立在山间的奢华美墅、似爱丽丝梦游仙境中的绿野仙踪花园、油画般绚丽的农夫果园……赋予民宿极致的艺术美学，所有景致无一不是艺术创作者的灵感源泉。

📍 浙江省湖州市安吉县天子湖镇
　乌泥坑村上回车自然村4号

📞 137 5727 3777

/ 隐藏玩法 /

· 民宿房间内自带超大阳台，阳台上的秋千也不容错过。

· 通往室外的吊索桥，缩短的既是你到室外的路程，也是你和自然的距离。

· 在唯美的花园高尔夫球场进行一次难忘的高尔夫体验吧。

· 水果成熟时期，一定不要忘记来后山果园体验亲手采摘果实的乐趣哦。

归心民宿

主人：计国丽
等级：金宿

以初心，持用心，筑归心

- 冬笋采摘
- 村中首家高端民宿
- 天然氧吧

/隐藏玩法 /

· 早餐是免费的五谷杂粮，午餐、晚餐是特色私房菜，一定要品尝。

· 草坪区设有草坪泡泡屋，在里面品茶赏景，十分惬意。

· 夜晚可以在露台上看看星空。没有城市灯光的打扰，这里的星空美得像一幅画。

初心： 2019年，原本在物流业打拼的唐正华从外地回到故乡，想着将住了三十九年的老宅翻新一下。恰逢村里推行政策，大力发展民宿业，"我本身就对吃喝玩乐很感兴趣，就想着干脆做民宿吧，就一次性投入了四百多万元。专业的事要让专业的人来做，效果确实不一样，我舍得为专业花钱"。

用心： 民宿的很多事唐正华都亲力亲为。光是买菜，他至少要跑三个菜场，只为挑选到最新鲜的食材。早上五点去菜场，八点回到民宿，每天三个小时不仅是采购时间，更是用心于品质的见证。

归心： 归心的成功一举打破了水口乡村旅游低端化的桎梏。短短一年，已有十一家省市级星级民宿挂牌，并且这条高端化的转型之路还在不断向农家乐延伸。

📍 浙江省湖州市长兴县水口乡
金山村外岗自然村 141 号

📞 135 0582 0085

动静有序，行藏有节

为了打造更好的度假活动空间，民宿主人因地制宜，实现空间布局动与静的融合。将客房外的公共活动空间的"动"与私密空间的"静"相融合，并根据地势整合规划。

增值服务模式

木叶夏民宿打造"民宿＋团建＋商旅＋吃住游购娱"的增值服务模式，通过精准的客户定位和淡旺季不同的营销策略，个性化定制，吸引了来自全世界的客人。

木叶夏民宿 主人：王烨
等级：金宿

云天收夏色，木叶动秋声

（包栋发趴） （不对称美学） （团建产品）

◎ 浙江省湖州市吴兴区埭溪镇芳山村 48 号

☏ 187 6828 7799

/ 隐藏玩法 /

· 清晨在莫干山上，看云雾翻涌、日升月落，或是来一场山间的徒步旅行，越过溪流，遁入山林，顺着石阶而上，乘兴而走，尽兴而归。

· 中午，出尘入世，探访精致"民国"小镇庾村，吃一碗热气腾腾的咸菜笋丝面，喝一杯暖手的咖啡，消磨时光。

· 暮色四合，在餐厅吃上一锅鲜美无比的本地鸡汤，和好友们围炉夜话，了无心事。

瀛轩民宿

主人：陈红仙
等级：金宿

瀛之洲，乘轩入

(金缮修复) (现场演奏) (私庭私田私汤)

/ 隐藏玩法 /

· 太音琴社的创始人陈成勃老师把最心爱的一把古琴留在瀛轩，偶尔会在瀛轩现场弹奏一曲。

· 瀛轩"两宠"小鸭子和小兔子是治愈人心的小精灵。

· 地下室里的陈年好酒只引壶觞于有缘人。

📍 浙江省湖州市德清县莫干山镇劳岭村乌龙山 28 号

📞 130 0365 2648

艺术零距离

　　物尽其用的金缮修复工艺、古法匠心的羊毛毡制品、清澈空灵的手碟音乐……艺术美学不仅仅包裹着瀛轩的建筑外观，更流连于内在体验。

乡野零过客

　　门前沐浴落日余晖的千亩稻田，庭院里悠然自得的帐篷秋千，屋后竹林笼罩的戏水泳池……一切小村落里的慢居家生活，都是瀛轩的专属。

"上天入地"

　　在天台把自己丢进自然，闲看云卷云舒；在地下室里拾起青春，狂欢肆意喧嚣。有进退，有闹静，才是人间百态。

福开森
故事

民国
风情

海派
文化

主人：蒋志球
等级：文化主题民宿

卧丘山居

高卧丘壑中，逃名尘世外

📍 浙江省湖州市德清县莫干山镇
高峰村西兴六组

📞 138 0572 5317

民国情事

卧丘山居是一家以民国文化为主题的民宿。随处可见民国元素，是鲜有的民国服饰馆。在山水田野之间，书写了一首惬意的民国写意诗。

典雅生活

生活中必须有点无用的游戏与享受，才会觉得有意思。在卧丘山居，和至亲之人独享从容、闲暇、有创意的生活，就是人生乐趣。

海派文化

多元化的建筑，富有创新和活力；开放性的内饰，贯通东西审美；海纳百川的生活态度，拥有熔铸中西乐趣的欢乐时光。

/ 隐藏玩法 /

· 极富年代感的黄包车、民国老照片、留声机、旗袍陈列……可以一一体验感受。

· 宠物友好型民宿，民宿主人也养了一些十分可爱的小动物。

· 院子里种满了各类瓜果蔬菜，你可以亲自体验自给自足的山野田园乐趣。

浙江民宿导览 湖州

📍 浙江省湖州市吴兴区

湖州吴兴妙西民宿集聚区

追西塞山前白鹭飞，享桃花流水鳜鱼肥

" 暂别尘世喧嚣，住进渔歌里的山光水色。"

江南水乡　时令采摘　水库垂钓　竹林滑梯

写在古诗里的民宿，和诗人一起感受潺潺溪流、袅袅微风、碧山绿林，享受最纯粹的自然山水。

住进江南

民宿群有着天然的地理和生态优势，淙淙清泉、蒙蒙薄雾、山林竹海、幽香清茶、萋萋芳草、点点繁花，构成了一幅典型的江南山水图。

让传统拥抱现代

依据当地历史文化底蕴建成的各有特色的民宿，富有创新性的"乡村特色＋民宿发展＋产品业态"发展模式和营销模式，完美实现传统文化与现代产业的有效融合。

绍兴

SHAOXING

06

起笔于风云传奇，落脚在平凡日常，再添一只乌篷船，
就是梦里江南最有诗意的风景。

镜岭镇雅庄村民宿集聚区

一湖酒场·朴筑

覆卮山居

隐峯麓栈

拾贰·朴宿

山中来信·乡悦云端

浙江民宿导览 绍兴

主人：段金虎　等级：金宿

山中来信·乡悦云端

云气漫开间，窥见诗意无穷

（千亩茶园）（山巅之上）（俯瞰十九峰）

/ 隐藏玩法 /

· 楼层之间暗藏令人惊喜的滑滑梯。

· 大厅内有书室及茶室一间，可席地而坐，泡茶听风看云海。举目皆翠，绿荫四合，夏无暑气，幽雅清旷。

· 天气好的时候在下岩贝支起帐篷，早晨拉开帐篷就可以看到云海。

📍 浙江省绍兴市新昌县东茗乡下岩贝村生态停车场附近

📞 189 5752 7079

地处仙境

背靠穿岩十九峰，面朝万顷茶树，韩妃江清凌凌从山脚蜿蜒而过，云雾升腾之际，犹如梦中仙境。

诗意盎然

这条唐诗之路上的民宿，还散发着一缕诗意。此前《还有诗和远方》节目组来新昌录制时也是住在这里的哦。

蓝莲花开

民宿主人曾创办了"蓝莲花开"系列主题民宿。当"蓝莲花"在江浙大地生根盛放之后，他又在这青山绿水间，开启了这家名为"山中来信·乡悦云端"的新民宿。

📍 浙江省绍兴市越城区
书圣故里 19-1 号

📞 0575-8520 9520

新中式
风格

江南
四合院

书法
文化

小隐 在绍兴

LIVE A GOOD LIFE MEET SLOWLY.

拾贰·朴宿

🏠 主人：柴言林
等级：银宿

**集民宿、书屋、茶饮等美好事物
于一体的江南四合院**

集美好于一体

拾贰·朴宿是一个集民宿、书屋、茶饮等美好事物于一体的地方。在这里可以度过慢悠悠的时光，看书、饮茶、撸猫，生活中的小确幸在这里一点点被采拾。微风不燥，岁月静好，让人悠然地融入绍兴的老街里。

江南新中式

四合院古色古香，新中式风格氛围感十足，不仅超级出片，还有免费帮忙拍照的小姐姐，既耐心又有技术，电影大片即将在这里诞生！

温暖loft

房间为双层 loft 设计，上下带床，还有可遥控的小天窗和书法小桌，满足多种住宿需求。窗外即是古溪，在温馨的小屋内和所爱之人透过天窗欣赏江南美景，实在惬意。

/ 隐藏玩法 /

· 院子里有一架秋千，既可供玩耍，又可拍照打卡。

· 民宿里的猫咪温柔亲人。撸撸猫，喝喝茶，半天的时间就不知不觉地过去了。

· 二楼网红天台被绿树荫蔽，背景是江南独有的青砖黛瓦，韵味十足。

浙江民宿导览 绍兴

避世桃源　开门见山　专属梦境

隐峯麓栈

主人：谢浙军
等级：银宿

隐处灵峯伴，幽期不负言

浙江省绍兴市新昌县镜岭镇雅庄村 8 号

173 6961 6808

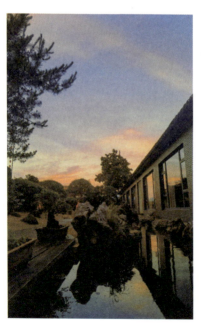

弃尘杂，返桃源

坐落于十九峰景区山脚下，闹中取静，抛弃尘世的纷纷扰扰，归返自然山林。与草木为邻，伴星月而眠。相聚亭台水榭，品茶听风赏花，偷得浮生半日闲。

一开门，即见山

拾级而上，打开大门即是真真切切的开门见山。十一间以十九峰山峰为名的客房，配备自动窗帘和独特诗意的景观卫生间，颇具"画中山是梦中山"之意。

私人定制

专属造梦师，每一环节都由专业人员精心策划服务的定制派对，让你切实感受"梦里不知身是客，一晌贪欢"的滋味。

/ 隐藏玩法 /

· 十九峰景区内有一条网红玻璃栈道，胆大之人不容错过。

· 后院茶室有一台留声机，听听那个年代的声音。

· 周边景点众多，十九峰、镜岭老街、外婆坑村、安山古村等，等你一一探寻。

诗意山居

　　这里是山水田园诗人鼻祖谢灵运的山居，在山水诗歌熏陶下，覆卮山居简单而不失生活趣味，极具诗意，又饱含文艺情怀。这里有逃离都市的自在，有流连忘返的生活。

就地取材

　　不仅覆卮山居的一桌一椅、小小摆件取材于自然，所用的菜也是取自当地菜园。来这里，可以过上纯真的山居生活。

灵运红茶

　　将本土的茶文化和诗意山居的生活理念相融合，在理想的山居生活中品一杯灵运红茶，心灵宁静，暂忘烦恼，享受生活的美。

/ 隐藏玩法 /

· 入住覆卮山居即可享受三个月亮主题村落内的月亮谷营地和冰川漂流"村民价"，并可体验户外露营、射箭高尔夫及露天烧烤。

· 百年古村、千年梯田、万年石浪、古屋小道、名木绕村，周围景点尽显江南山野的美。

· 宠物友好型民宿，可以带着宠物一同游玩哦。

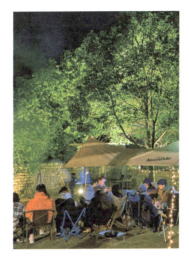

覆卮山居

主人：梁哲锋
等级：银宿

有山水诗人之古风，取简朴安静闲适之神，过真正惬意的山居生活

山居生活　隐于溪畔　茶香四溢

📍 浙江省绍兴市上虞区岭南乡白虎山脚

📞 177 5755 2570

浙江民宿导览 绍兴

主人：诸清理
等级：非遗主题民宿

一湖酒场·朴筑

黛瓦粉墙，深巷异曲，柔橹一声，扁舟咿呀

/ 隐藏玩法 /

· 定制属于自己的绍兴黄酒。

· 抿一口黄酒，嚼一粒茴香豆，别有一番风味。

· 幸运的话，酿酒时节还能碰到非遗传承人高秀水先生，他会带你亲身参与酿造，与黄酒来一次亲密接触。

黄酒文化　　鉴湖风光　　创意综合体

⊙ 浙江省绍兴市柯桥区柯岩风景区鉴湖酒岛
☎ 199 5751 7979

一湖酒场

藏隐于山清水秀之中，生活在天然氧吧的美酒里。酒窖，陈酿了无数的情怀；黄酒，传承了非遗的文化。一湖酒场的灵魂，需要赋予出类拔萃的符号，但填充实在的干货，让访客爱上这里，才是一湖酒场真正的目的。

看学品酿藏

看酒景、学酒经、品美酒、酿琼露、藏好酒，这便是一湖酒场的奉献。健康的酒、和谐的景，与合适的人共赏一轮明月……不是梦里，是这里。

漫漫情怀，慢慢品味

"船头一束书，船后一壶酒。新钓紫鳜鱼，旋洗白莲藕。"这种惬意洒脱，恐怕只有在一湖酒场才能体验到。

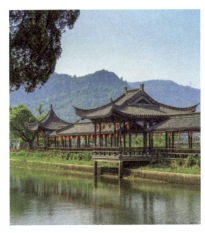

📍 浙江省绍兴市新昌县

镜岭镇雅庄村民宿集聚区

带上心爱之人，回云深不知处

> 卸去一身尘世浮华，
> 在深山密林中纵享现代科技。

传统与现代相融 ｜ 数字赋能 ｜ 独特主题 ｜ 全域旅游配套

看得赏心、吃得放心、聊得舒心、睡得安心、买得称心、玩得开心、住得动心的"七心"级民宿，通过"一站式平台"接受民宿房间预订。咨询电话：0575-8666 6003。

镜岭味道：深耕本地特色产业，打造"镜岭味道"品牌，建造了集游客中心、民宿一站式平台、购物美食广场、会议茶歇室等于一体的镜岭味道主题馆，集中展现镜岭的特色农创产品和文创产品，以个性化品牌推动乡村可持续发展。

合作共赢：做好"民宿+"文章，推出"民宿+研学""民宿+骑行""民宿+夜游"等深度体验产品，实现民宿与周边营地、夜游项目资源共享、产业共建、互利共赢。

金华
JINHUA

烟柳画桥，酒肆欢歌，湖光山色，粉墙黛瓦，青色的烟
雨晕染了狭长小巷，雕花木窗前浮现一个个斑斓的梦。

武义温泉民宿集聚区

田庐民宿

旧老儿时光民宿

随园民宿

澹明轩民宿

摄影之家

梧杉民宿

九间天民宿

汇森绘舍

汇森绘舍

主人：卢森军
等级：白金宿

汇森绘舍，绘出梦想自然

（ 紧依
"好溪" ）　（ 祠堂
环绕 ）　（ 冬日
滑雪 ）

/ 隐藏玩法 /

· 名为"月辰"的客房是主人依照小女儿的心愿设计的，充满童话色彩，非常适合亲子入住。

· 民宿门前的小溪涓流不息，是足不出户就能垂钓的好去处。

📍 浙江省金华市磐安县冷水镇
潘潭村八百小区 7 号

📞 133 5579 5562

彩虹桥

　　一座木质吊桥横跨于民宿门前的溪面上，不同于传统的原木色，七彩的色调赋予了它比雨后彩虹更耀眼的光芒。

漫漫星光路

　　夜晚灯光亮起，民宿门前那条依溪而修的道路与白日时截然不同。两侧绚烂的灯火，是梦幻般的仙境。

冬日滑雪

　　民宿对岸山体陡峭，冬日来临时，是南方不可多得的积雪山体。滑雪也成了汇森绘舍冬日的必备项目。

九间天民宿

主人：张小宝
等级：金宿

撑一把油纸伞，漫步乌石古巷

(影视取景地)　(乌石建筑)　(复古式经营)

乌石老屋

横路村是磐安县体量最大的乌石村落。九间天民宿高高的外墙和雅致的雨廊就是由乌石垒成的，以传统中式建筑之姿融入这条乌石古街。

影视打卡

古老的横路村是许多影视作品的取景地，如《三十而已》《理想照耀中国》等。九间天民宿正是摄像机下的一隅，让客人有着住在"影视剧"中的滋味。

原木修建

九间天民宿用深咖色的原木修建了外部的门、窗、栏杆，配着泛着油光的红木大门和庄严复古的狮子头门环，古朴雅致。

/ 隐藏玩法 /

· 向东五百米处，是国家 AAA 级景区磐安水下孔景区，"七瀑一湖"的自然景观震撼人心。

· 民宿主人收藏了很多 20 世纪的农作工具，可以带小朋友来学习新知识。

📍 浙江省金华市磐安县尖山镇横路村

📞 180 6997 8888

梧杉民宿

主人：李晓雨
等级：金宿

穿梭于满院的梧桐水杉，陶然共忘机

 高山蔬菜

 老树木文化

 半山无边泳池

/ 隐藏玩法 /

· 在露天泳池边摆上长桌宴，体验一番天地与我共食的波澜壮阔。

· 北山盘前村有萝卜、笋、番茄等高山蔬菜，闲来无事可以体验采摘活动。

· 晚上在庭院漫步，藏在树根旁的小灯会指引方向，照亮林间的郁郁生机。

林间避暑佳处

庭前水杉郁郁葱葱，留下一袭荫郁之地，隔绝了夏日的闷热，真当有"水松踽踽立千年"的风范。待山花烂漫，拉开窗帘，坐在庭院的木椅上，耳畔呼呼吹来山林的凉凉清风，看绣球花慢慢盛开，闻闻近在咫尺的自然清香。

山腰观景胜地

梧桐叶落满庭阴，可以透过巨大的落地窗看光影斑驳。夜深人静之时，约上三五好友，在不远处的观景台上，看家家灯火绚烂，将山脚的美景尽收眼底，颇有一番坐观天地的姿态。

 浙江省金华市婺城区罗店镇鹿田村　　📞 186 0689 7779

相机古董

摄影之家客栈处处可见摄影元素——每个房间门口都有古董相机实景展示，门铃、前台登记处的摄像头、垃圾桶也是客栈主人用相机精心改造而成的。客栈还展示了 1900 年的古董相机、1950 年的欧洲布谷鸟钟、1960 年的日本黑胶唱机、百年老照片等。

穿越百年

客栈房屋的前身是一座明清老宅。修缮改建后，它仍保留着原始的老宅风貌，院子中央的四方天井，屋子里的木质雕花镂窗、老楼梯、老家具、老地板，既尽现古宅之美，又满足了现代游客和摄影人的居住需求。

郎静山摄影馆

客栈对面的郎静山摄影馆也是客栈主人的，摄影馆楼上收藏了一千多部古董相机供旅客参观。郎静山先生是世界十大摄影师之一。

/ 隐藏玩法 /

· 披着毯子，手捧新鲜出炉的烤红薯围坐在客栈大厅的壁炉旁，是冬日旅客的一大美事。

· 有时客栈主人也会现身壁炉旁，和大家聊聊这座老房子里的相机的故事。

📍 浙江省金华市兰溪市游埠镇中山街 100 号

📞 134 2900 1331

摄影之家

🏠 主人：卜宗元
等级：金宿

泡一壶香茶，与相机一起追溯时光

（ 摄影爱好者 ）（ 老式建筑 ）（ 古董展示 ）

澹明轩民宿

主人：何可人
等级：银宿

住诸葛后人的民宿，听诸葛的历史故事

诸葛后代　古村钢笔画　法式温州美食

一米古巷

　　绿墙、青瓦、马头墙，向日葵、波斯菊、油菜花，小巷狭窄，却藏不住一路的繁华。

三个大字

　　店号"澹明轩"，由陈立夫先生于九十九岁高龄时书写，苍劲有力，落笔如云烟。大堂里挂着民宿主人外公与陈立夫先生的合照和书信，边页泛黄，却留下了20 世纪美好的友谊。

四季客房

　　春色明亮，绿意盎然；夏季娇人，白床粉墙；秋意绚丽，星空灿烂；冬日可爱，日暖风清。春夏秋冬四季，色彩迥异，质感不同，静静等候着四方宾客的到来。

/ 隐藏玩法 /

· 在民宿里转转，倘若遇到民宿主人，便可以倾听诸葛村的故事。

· 穿过民宿主人亲自布置的古村钢笔画走廊，去感受凛冽笔尖下八卦村的温度。

· 一楼餐厅陈列着民宿主人与知名人士的合影，以及其外公诸葛五十代孙的真实故事。

浙江省金华市兰溪市诸葛镇
诸葛八卦村新开路 53 号

137 0588 2776

坐拥山林

不同于传统的集合式民宿客房，随园民宿的客房分别坐落于山脚、山腰与山顶。山脚的客房享用美食便利，山腰的客房绿植环绕，山顶的客房则能一览众山小。

创新农家乐

除了采摘新鲜蔬菜、下河抓鱼、上山挖笋这类寻常的农家活动，随园民宿还创新地推出竹筒饭、有机农耕、非遗竹编、非遗婺州窑等体验活动。

青蛙童话村

结合村里老房改造及村民自建的民宿，随园民宿着力打造青蛙童话村，开展春天欢乐季、秋天丰收季及各类亲近自然的夏令营活动。

/ 隐藏玩法 /

· 在巨大的无边泳池旁，白日观竹林，夜晚看繁星。

· 自动打开菘蓝客房的屋顶窗户，躺在柔软的大床上，看满天星河。

· 每年五月至六月正是覆盆子和蓝莓的采摘季，客人能享受边摘边吃的舌尖盛宴。

随园民宿

 主人：戴俊
等级：银宿

随性地走，走在这藏于自然中的村落

(手工
劳作) (非遗
文化) (创新
农家乐)

 浙江省金华市武义县大田乡碗铺村36号

📞 188 5896 8449

老物件

黑白
老电影

传统艺术
音影体验

🏠 主人：陈国庆　等级：文化主题民宿

旧老儿时光民宿

到童年的怀抱里，做无忧无虑的小孩

/ 隐藏玩法 /

· 一楼客厅有长桌长椅，环绕音响和十字银幕可以带来极致的观影体验。

· 陈列室里摆放着民宿主人特意从杭州运来的老物件，亲切又新鲜。

· 夜晚的别院灯火辉煌，夜景值得赏一赏。

📍 浙江省金华市金东区岭下镇岭五村坡阳古街 66 号

📞 139 0579 7206

听听儿时的声音

　　机器声"嗒嗒嗒"，脚步声"踏踏踏"，欢笑声"哈哈哈"，与多年的好友欢聚一堂，拉拉家常，喝喝热茶。沉浸在老旧的收音机歌声中，置身于原木味的屋檐下，仿佛通过时光门回到了过去的时光。

看看童年的回忆

　　午后微风清凉，同挚友再聚首，踩在古街的石板路上，载欢载笑。迎着斜阳，重温老式胶片电影放映机里的故事，双眼噙泪。童年也许逝去，但在这里，回忆不会泯灭。

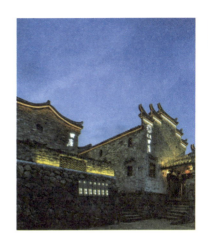

我有田庐，可观山水
我有田庐，可供读书

田庐民宿

主人：徐小冰
等级：文化主题民宿

/ 隐藏玩法 /

· 文人墨客常在民宿里穿梭，一不小心就能偶遇诗会和歌会。

· 如果喜欢小动物的话，楼下咖啡屋有两只乖巧的猫咪在等你哦。

· 一楼大厅摆放着旧时的石磨，将亲手研磨的粉带回家也别有一番风味。

 武义醋鸡　 私人茶室　 国学艺术培训

暖暖远人村

人文的热闹，动如脱兔，得益于湿地节、书画展、音乐会、民俗节等活动的开展；自然的宁静，静如处子，是窗外的松风阵阵，是河边的鹭影翩翩，是湖畔的蒹葭苍苍。

依依墟里烟

农家食材绿色新鲜，武义美食风味地道，餐厅包厢风格迥异，或躲在古色古香的民房餐厅与邻座谈笑风生，或就着炊烟袅袅的山间美景，来一场与饕餮盛宴的美丽邂逅。

📍 浙江省金华市武义县履坦镇坛头村　　📞 186 0589 1698

这里被称为"中国温泉之城"，温泉星罗棋布，古村落林立，碧水青山间印刻历史的足迹，水汽氤氲中洗脱生活的烦忧。

温泉水滑洗凝脂
这里的温泉水富含多种微量元素，能够滋润皮肤、舒缓筋骨。挑一个懒洋洋的冬日，与三两好友，泡于热汤之中，话日常，谈心事，温暖入人心。

古韵穿梭千年
走过青石板街，踏上熟溪廊桥，凭栏远眺，明清古建筑遍收眼底，小城美景尽览无余。民宿内的古风陈设让人恍然之间穿越到千百年之前，轻抚雕花水榭，感受古老的魅力与历史的积淀。

浙江省金华市武义县温泉度假村周边

武义温泉
民宿集聚区

温泉氤氲，拂去一身疲惫

(江南
华清池)　(千年
古韵)　(多元
融合)

" 用好温泉优势，实现多元发展。"

衢州
QUZHOU

连绵群山给予了衢州取之不尽的自然风光，丹霞的壮丽、
河流的清澈、民宿的幽静，都是这片山水的沉淀与光华。

金星村民宿集聚区

三缘堂·缘舍

晴山西雨

季意民宿

万田方舍

月明仓屋

彤弓山居

抱山民宿

抱山民宿

主人：郑忠华
等级：白金宿

在群山环抱之中，暂入文人的归隐生活

 山宿融合

 森林书院

文学交流基地

山宿琴瑟和鸣

穿越层层竹海，青砖石瓦的复古建筑就坐落在半山腰上。面朝窗户，与森林来一次心灵的交流。抚摸一楼书屋"破墙而入"的大山一角，感叹山林与民宿的完美融合。

蝶飞舞，萤作伴

谷中上万只蝴蝶翩翩起舞，夜晚萤火虫环溪水而飞，在此野营观星，定能体验到野蜂飞舞的山林野趣。

森林书院

第一层公共区域的实木书架上典藏了五千余本书，浓浓的书香扑面而来。捧一卷书，执一壶茶，听流水潺潺，在竹林深处体味陶渊明的隐居之乐。

/ 隐藏玩法 /

· 古道可通到大谷坪、杜鹃谷、老鹰石，登山探险爱好者不要错过。

· 古道之上有观景台，是搭帐篷看星星的绝佳位置。

· 抱山书院经常在此组织读书活动，邀请作家、诗人等文人墨客前来，你也可以参与读书活动，说不定会遇见自己心仪的学者。

📍 浙江省衢州市柯城区七里乡桃源村均良自然村 55 号

📞 136 0050 9798

彤弓山居

主人：黄勇
等级：白金宿

穿越千年，度过一盏茶半卷闲书的慢时光

（千年古村） （主题院落） （天然氧吧）

心醉千年古村

古树环抱，立于千年古村之中。春赏鲜花冬观雪，夏听蝉鸣秋落叶，感受四季分明的变化，沉浸古村处处的历史痕迹。

"一房一主题、一院一世界"

"农舍""禅舍""书舍""喜舍"，每个院落都蕴含不同特色的主题：农舍土屋石地，看农耕文明；禅舍斗拱飞檐，做闲云野鹤；书舍白墙黑瓦，闻四溢书香；喜舍雕栏画栋，赏乡村喜庆文化。

"乡愁"寄托地

废弃老宅焕然一新变为精品民宿，在保留古色古香特征的同时更新部分设施。在此处，相信儿时的乡村回忆会与你不期而遇。把酒言欢，将内心"乡愁"寄存于此。

/ 隐藏玩法 /

· 一年一度的晒秋盛会在十月前后举行。

· 民宿附近有水域，可以垂钓、划皮划艇。

· 有一条沥青铺设的骑行慢道，可以骑行在乡间，感受古村的人文魅力。

📍 浙江省衢州市常山县同弓乡彤弓山村

📞 135 8710 7113

月明仓屋

主人：张胤民
等级：金宿

代代相传的谷仓屋，守得云开见月明

谷仓改造

仓屋九景

村中独户

一条共富路

"一定要想办法修通老家的机耕路"，这是民宿主人八十多岁的爷爷最大的愿望。正是这个纯朴的执念，如今让大山深处的月明仓屋的门前有了一条路。

六代仓屋人

曾经的谷仓，如今的仓屋，留下张家六代人生活印记的祖宅，在岁月的打磨下熠熠生辉。

九处好景

山间自有山间乐，民宿主人寻得周边野趣，打造"微景点"：爱情谷、芭蕉园、月牙泉、野猪铺、避难崖、神仙洞、天鹅峰、土瓦窑和老鹰坛瀑布。

/ 隐藏玩法 /

· 夜幕降临，在海拔 520 米处的专属"爱情圣地"看星月。

· 可观长达 225 米的"浙西第一瀑布"。

📍 浙江省衢州市衢江区举村乡翁源村百祥坑自然村 5 号

📞 139 5700 9099

/ 隐藏玩法 /

· 透明阳台上有圆形按摩浴缸，在泡澡的同时，白天可以赏油菜花，夜晚可以观星月。

· 民宿主人会为每一位入住者送上贴心的问候和真挚的祝福。

· 民宿前是一大片油菜花地，这里是摄影爱好者的天堂。

📍 浙江省衢州市柯城区
　　万田乡万田村 168 号

📞 150 6700 7373

万田方舍

主人：方军
等级：金宿

定制一场私人浪漫，换来一生刻骨铭心的记忆

（婚庆仪式定制）（婚庆文化）（"永生花"伴手礼）

爱情见证者

所谓美好，就是周围人声嘈杂，而一转身，爱人就在不远处缓缓向你走来。凭借着八年的婚庆主持经验加上退伍军人的身份，民宿主人会为情侣定制特殊的浪漫仪式，带来别具一格的求婚现场。

仪式感制造者

随处可见的鲜花、真诚的文字卡片、阳光普照下的秋千，在超大透明阳台上来一次鲜花浴，任满天繁星洒落于身，窗外四季变化尽收眼底，感受民宿小小细节中的仪式感。

"一条永不凋谢的花路"

民宿主人抱着"让家乡成为诗和远方"的心愿，带领村民一起开发特色伴手礼。这个以爱之名为游客制作"永生花"的过程，同样也是村民的致富之路。

季意民宿

主人：季雪英
等级：金宿

在季意，给你塞外江南的记忆

(常山"洱海") (窑上民宿) (农场体验)

浙江民宿导览 衢州

/ 隐藏玩法 /

· 复式套房浴缸头顶上的天窗可打开，客人可以边看星星边泡澡。

· 民宿拥有一大片水塘，客人可以垂钓、泛舟。

· 在农场，不仅可以与牛羊玩耍，还可以参与农耕、采摘等体验项目。

塞外农场

　　风从农场吹向河流，带来碧绿和惬意。牧草哺育羊群，河湖放慢生活。民宿占据农场与河流的 C 位，从此风吹草低见牛羊，日落湖中映红霞。

舌尖上的绿色食品

　　"生态——永远的追求"是一直不改的初心，"省级家庭农场"实现半小时从采摘到烹饪，食材 80% 自给，让客人品尝到真正绿色原生态的味道。

"窑上民宿"

　　季意民宿的前身是石灰窑，为了维持其原始风貌，民宿顺坡而建，瀑布藏在了矿山开采剖面里，公厕和"酒窖"藏进了斜坡半地下空间。从一楼向上走，你能感受到神奇的空间变化，体验"窑上民宿"的奇妙之处。

📍 浙江省衢州市常山县金川街道
十五里村菖蒲塘 4-2 号

📞 136 4570 2012

晴山西雨

主人：余本孝
等级：银宿

何田文化清水鱼，道是无晴却有晴

 鱼文化　 双用性民宿　 优质农产品伴手礼

/ 隐藏玩法 /

· 周围农村自建房门前坐着大爷大妈，跟他们唠唠嗑，感受当地村民的淳朴。

· 民宿的食材和伴手礼都是从当地农户手中购得的优质农产品。

· 附近有水域，可以去河里捞鱼。清水鱼可是当地的特产哦。

· 可在旋转楼梯上的空中花园赏月观星，眺望周围风景。

📍 浙江省衢州市开化县何田乡晴村村19号

📞 181 5762 7779

"鱼"跃晴山

何田乡凭清水鱼声名远播，为了将当地特色的优势扩大，鱼文化被定为民宿的主题。船形坐凳，鱼灯，鱼形船桨摆设，连隔断板都做成了鱼尾的形状。清水鱼系列美食还被作为民宿的伴手礼。

"宾至如归"的舒适感

下沉式客厅和家庭式影院，让入住者体验到家的温馨。"晴观""山漫""西霞""雨听"，四种风格不同的房间，又给人带来了不一样的舒适感，相信总有一种会戳中你的内心。

主人：余昌耀
等级：非遗主题民宿

三缘堂·缘舍

艺术与生活，诗意和远方

📍 浙江省衢州市开化县
齐溪镇齐溪村

📞 137 5705 8562

根雕
艺术展

空中
桃源

非遗
民宿

/ 隐藏玩法 /

· 民宿一楼公共区域摆放了笔墨纸砚，可自行提笔书写。

· 民宿主人是一个根雕艺术家，可向他求师学艺。

· 不要错过露天 KTV，给你演唱会的体验感。

艺术乌托邦

一个根雕，一段故事，民宿一楼陈列着大量根雕作品。在节奏如此快的今天，享受艺术的熏陶和洗礼，慢慢走进民宿主人为你打造的梦中乌托邦。

空中世外桃源

坐落在高山脚下，傍着钱塘江而眠。俯视民宿，如同一个大型花盆上卧着一片世外桃源。站在全景落地玻璃窗前，湖光山色尽收眼底，每一帧都是诗情画意。

文化产业园

让住宿不再单调，让生活更加精彩，民宿主人打造了根雕艺术馆、根雕木艺研学基地、缘舍茶楼、精品民宿、特产销售、美食文化等文化产业园。

诗画江南

山高林茂，云雾缭绕，屋子背靠连绵大山，屋前碧波荡漾，白墙黑瓦，古木花格窗。品上几口当地的特色龙顶茶，体会独有的开化诗画江南韵味。

深深乡愁，碧水环村

美丽的马金溪将村落拥入怀中，茂密的森林净化着这里的每一寸空气。炎炎夏日，或戏水游泳，或吃上一顿鲜嫩美味的清水鱼，听当地村民讲述乡愁。

吃喝住行产业一体

农家乐、果蔬采摘、网红民宿打卡，在一次次旅行中享受不同的乐趣，体验当地村民的质朴与热情。

📍 浙江省衢州市开化县金星村

金星村民宿集聚区

山是好山，水是好水，这里是新农村

（诗画江南韵味）（水域环村）（特色高端民宿）

❝ 在变与不变中将绿水青山
变为金山银山。❞

舟山
ZHOUSHAN

09

舟山，一个被大海包围的地方，朵朵浪花拍打出属于它的
风姿绰约，海岸线绵延不绝，一切梦的起点，都从这里开始。

浙江民宿导览 舟山

遗世独立

临崖而建，这座毗邻东崖绝壁的白色几何形状玻璃房多了几分遗世的孤傲感。院内小径曲曲折折，目之所及皆与蔚蓝大海交相辉映，海风轻抚，犹如世外之境。房间三面采用无边框落地玻璃，把阳光和海风迎进屋子，真正与大海相融，与自然相拥。

法式浪漫

满院子的绣球花、月季花，餐厅里的水幕玻璃花房，名为暮色的音乐酒吧，与海岛自带的浪漫属性相得益彰。赏花吹风，观海浅酌，享受独属于你的浪漫时光。

/ 隐藏玩法 /

· 去东崖绝壁打卡日出，感受如莫奈笔下的日出一般的梦幻色彩。

· 落日时分在室外餐厅用餐，享受绝美海景，氛围感满满。

· 在室外酒吧吹着海风，听着驻唱歌手的温柔嗓音，举杯浅酌，陶醉于海天之间。

📍 浙江省舟山市嵊泗县嵊山镇后岗路 10 号

📞 178 1582 6260

主人：吕艳
等级：金宿

等风来渔家民宿

白茶清欢无别事，我在等风也等你

(东方
圣托里尼) (露天
泳池) (音乐
酒吧)

观而民宿

主人：郑佩佩
等级：金宿

住进观而，住进家

- 坐拥山海
- ins风庭院
- 海鲜盛宴

傍山观海

位于半山腰的观而民宿拥有最佳观景视角，山间风光和海滨景色尽收眼底。拉开窗帘，入眼就是碧海蓝天；推门而出，在观光阳台上便能沐浴金色阳光与温柔海风。

别致院落

当午后的阳光洒向绿意盎然的庭院时，坐在庭院的秋千上，吹着裹挟着植物清香的海风，极目远眺，海浪、沙滩、岛屿便映入眼帘。一方温馨院落，映照出家的独有温度；一桌美味海鲜，诠释家的独特味道。

/ 隐藏玩法 /

· 民宿女主人每年都会利用当地食材制作青梅饼、梅子酒、杨梅烧等特色伴手礼，提供给客人。

· 去风车平台，迎着海风，看风车扇叶转动，邂逅漫画里的童话小镇。

· 在院子里和两只狗一起晒晒太阳，度过慵懒的时光。

📍 浙江省舟山市岱山县衢山镇凉峙村洋门曲 60-1 号

📞 188 5803 1615

浙江民宿导览
舟山

面朝大海

　　房间打破传统外墙束缚，采用三面可完全折叠门窗，足不出户就可以看到超广角绝美荧光海景。打开门窗，感受迎面吹来的清爽海风，闲听潮起潮落，坐看船来船往，偷得浮生半日闲。

误入梦境

　　"三月兔""榛睡鼠""柴郡猫"……每个房间都以《爱丽丝梦游仙境》中的角色命名。白房、绿树、碧海、蓝天，如同漫画般的清新色调，配合房内星空壁纸打造出特殊光影效果，仿佛进入爱丽丝的仙境，享受独特的梦幻与浪漫。

空中泳池

　　楼顶超大露台上纵享豪华海景，空中泳池中独享私人时光。你还可以在露台上露营，夜幕降临时钻进星宿帐篷，枕星河入梦，听海浪入眠。

📍 浙江省舟山市嵊泗县花鸟乡文广弄 9 号

📞 180 5808 9060

主人：张黎斌
等级：金宿

花屿 · 爱丽丝

居花屿之间，观花鸟之外

270度
豪华海景

空中
泳池

荧光
海滩

/ 隐藏玩法 /

· 酒店供应当季新鲜海鲜，让你享受大海的馈赠。

· 在无边泳池上享用漂浮早餐或下午茶。

· 挑一个晴天去打卡夏季限定的荧光海和荧光沙滩。

· 花鸟灯塔是远东第一灯塔，也是岛上最佳落日观赏地。

封闭海湾

　　民宿私享凉湖码头的宁静恬淡。推门而出就是沙滩，踩着细软沙子，听浪花拍打礁石的声音。开阔的庭院，简约的地中海式装修风格，凉湖湾的每一处设计都别出心裁。

渔文化零距离

　　白天跟着淳朴的渔民包船出海、撒网捕鱼、捉螃蟹、海钓，傍晚迎着夕阳满载而归。客人还能参加渔民文化节及各项传统活动，深入了解各类海洋生物和渔村文化。

凉湖湾民宿

主人：吴盛强
等级：金宿

远离喧嚣，私享大海的静谧

渔文化　　海岛风情　　地中海风格

📍 浙江省舟山市普陀区虾峙镇凉湖村码头

📞 139 6739 9513

/ 隐藏玩法 /

· 踏上虾峙门国际航道观景台，赏海天一色之绝美，观国际巨轮之宏伟。

· 凉湖村的白色房子梦幻别致，可以在村口的小沙滩上踏浪、捡拾贝壳，重温童年的记忆。

· 去虾峙风情馆了解本土的历史文化与风情，体会百年渔村的魅力。

/ 隐藏玩法 /

· 店主收养的一只金毛和十六只流浪猫，陪你在慵懒的午后发呆。

· 出门就是童话般的左岸公路，吹着海风，哼着小曲，即停即拍。

· 与渔民共赏越剧，近距离感受渔村的风土人情。

 浙江省舟山市嵊泗县五龙乡西会城路44号

 136 5665 6508

左岸屿

主人：杨燕
等级：银宿

营造一场静谧的"海边白日梦"

- 非遗渔民画
- 左岸公路骑行
- 特色泳池

静谧的"海边白日梦"

作为嵊泗的首家民宿综合体，左岸屿的六幢楼房绵延成片，远离城市喧嚣，为你营造出静谧的氛围。你可以和这里的猫猫狗狗在巨大的户外草坪上追逐嬉戏，也可以在休闲区安静地喝上一盏茶，细细品味人生的真谛。

古朴的渔民画艺术

漫步于周边的村落之中，你会发现几乎所有院墙上都画满了壁画。渔民们蘸海作画，用艳丽的笔调描绘大海的神秘浪漫，用细腻的笔触勾勒出自己对大海的独家回忆。这些画凝结着渔民对大海的深深眷恋。

半夏拾光

主人：毛莹莹
等级：文化主题民宿

于半夏邂逅大海，赴一场盛宴

- 海鲜盲盒盛宴
- 环岛骑行
- 露台海景餐厅

浙江省舟山市嵊泗县菜园镇基湖村老虎头里高沙弄 12 号

158 5808 5779

/ 隐藏玩法 /

· 茶余饭后，去基湖沙滩散步、踏踏浪。

· 骑上租来的小电驴，沿着彩绘墙兜一路海风，把一切烦恼抛于脑后。

· 顺着沿海公路去边礁岙村打卡，拍一组日系清新美照。

还原家的温度

闹中取静，这座隐匿于平常村落的"半夏拾光"以原木色为主色调，简单流畅的线条配以暖黄的灯光，不张扬也不暗淡，每处细节都尽显家的温馨与旅途的诗意。透过落地窗，你可以轻轻松松看到碧蓝大海。

品尝海的味道

民宿女主人用最新鲜的海鲜保留大海的味道，用最精湛的厨艺呈现色香味俱全的盛宴。置身基湖村制高点的露台餐厅，鸟瞰沙滩与海浪，举杯浅酌，细细品尝美食。

尘曦民宿 🏠

主人：洪敏
等级：文化主题民宿

尘世之间，曦光之下，与海相拥

/ 隐藏玩法 /

· 民宿后山有一条小路可以直达《后会无期》取景地，在那里可轻松拍出电影情节。

· 跟着最有经验的渔民去乘风破浪，追逐最肥美的海鲜。

· 坐在观光车上环岛兜风，庙子湖岛的风光尽收眼底。

📍 浙江省舟山市普陀区东极镇
东极埠头 1 弄 20—21 号

📞 136 5680 3508

渔村
石屋

艺术
渔民画

捕鱼
海钓

原生古朴之美

尘曦民宿由石屋改造而成，在保留古老的自然石屋纹理的同时，加入了极简的现代设计元素，不规则的几何外形也让这座建筑成为一个艺术品。内部没有过分华丽的装饰，只为还原最本真的渔村味道。

渔民艺术之风

民宿主人用当代艺术家和青年设计师的作品来装饰房间，加上当地特色的艺术渔民画，营造出满满的艺术氛围。民宿免费提供渔民画的作画工具，如果有兴趣可随意画上一幅。

集群靠山面海，民宿错落有致。在这样的"海上布达拉宫"上，面朝大海，坐看潮起潮落、云卷云舒。

灯火万家照海岸

庙子湖环岛沿岸白天草木葱茏，夜晚灯火辉煌。照明灯与星光相辅相成，形成极具特色的"渔家灯火"极地风情图，带来独特的夜游体验。

东极"非遗明珠"

鲜艳的色彩、大胆的构图，如同一位"东方毕加索"降落于此，创造出了东极的渔民画，而海岛艺术家巧妙地将东极的民俗文化融入画作。或在街角，或在家中，或在展台，来此一游，千万不可错过。

浙江省舟山市普陀区东极镇

东极蓝海
民宿集聚区

在一望无垠的大海前，共赴诗意与远方

(海岛
渔家灯火)　(云游
东极)　(非遗文化
渔民画)

> 构建海岛全域旅游格局，
> 让东极蓝海民宿成为'海上布达拉宫'。

台州
TAIZHOU

10

久溺于城市的喧嚣，山水和田园仿佛成了悠远的记忆。
想碧波泛舟、临碣观海，想去看看诗词歌赋里的浪漫，那就
来台州吧。

杜若山居

主人：徐可
等级：白金宿

童话里的白房子，画中的世外桃源

/ 隐藏玩法 /

· 若偶遇行家前来传授技艺，还能观赏金缮这门修补器物的手艺活。

· 半山腰的竹林间有一个露天瑜伽台，带上一块瑜伽垫，便可修身养性。

· 杨梅基地、红美人果园、荷花田、芋头试验田、酿酒坊都等你来亲身体验。

· 民宿内外有许多小动物，民宿里有一只胖橘猫、一条小白狗，民宿外的大桥下不时会游过鸭群和鱼群，等到夜晚，萤火虫群聚在一起，闪烁着美丽的绿光。

下沉式
客厅

动物
零距离

沿溪式
探索

历史文化
藏品

📍 浙江省台州市仙居县淡竹乡
尚仁村南木坑自然村

📞 186 1661 6883

纯手工制作

拾级而上，目之所及皆是景语，彰显了自然与生活的完美结合。房间里的灯由手工缠绕而成，散发出淡淡的清香；衣柜的每扇门，都是用宣纸手工粘贴的；柜中的每根横杆和衣架，都来自山上的树枝。

诗意美学设计

空谷幽兰般深居在山林之中，屋外溪水潺潺，屋内匠心安排。房间的命名别具一格：以颜色命名的"洗朱""薄青""茶白"，清新淡雅；以五经命名的"一瞬""二雅""三昧"，古韵犹存；以景观命名的"望岚""闻蝉""留云"，简约温暖。

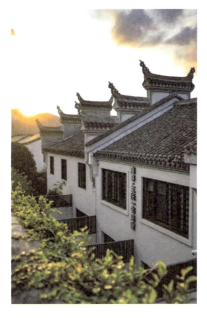

· 买不到王天顺海苔饼千万别着急，可以联系管家帮忙预订或寄运。

· 夜晚在民宿的大院子里，观一部影片，在星空下尽享露营野餐之乐。

· 民宿提供免费抄经服务，可以寄放在前台，请管家帮忙送到龙兴寺烧掉。

· 推门而出就是江南长城兴善门、紫阳古街，龙兴寺、巾山就在眼前。

穿越古今

倚台州府城墙而建，临紫阳古街而居。在古典韵味中融入时尚元素，传统文化结合现代生活。古城千年文化积淀的厚重历史，与简约大气的建筑风格相得益彰，碰撞出了穿越古今的火花，羡煞众人。

揽园入室

在独立院落里坐看云卷云舒，背靠繁盛的花墙，心向无边的蓝天。幽雅的环境怡人，推门即可呼吸清新空气。踏上不规则的青石板小路，驻足片刻，便沉醉于院子的宁静闲适。

 主人：郑羽良
等级：白金宿

三抚一宅民宿

城墙根的情怀，古巷间的故事

 下沉式
休息区 · 环绕式
池塘 · 横木
屋顶

浙江省台州市临海市古城街道三抚基 17 号

186 1246 0070

主人：张文洁
等级：金宿

慕然海谷民宿

看海，与蔚蓝色的绝佳邂逅

 驻唱歌手
 坐山观海
满墙爬山虎

浙江民宿导览 台州

/ 隐藏玩法 /

· 夏天炎热，可以在山泉水汇成的水池里戏水玩闹，消散暑气。

· 踱步至观景台，驻足欣赏飞流而下的瀑布。

· 夜晚的露台风景更佳，一侧是烟波浩渺的大海，另一侧是鳞次栉比的村落。

坐山观海

　　民宿倚山而建，拾级而上，辽阔的蓝色尽收眼帘。只需坐在院落的木椅上，就能将海岛风光一眼望穿。在屋内，也能透过设计感极佳的窗户，窥见一方蓝色的风景，苍茫海色，尽享于此。

探险式游览

　　不计其数的台阶并未让人头晕目眩，反而增添了一丝神秘感。穿上舒适的运动鞋慢慢攀爬，径直延伸的台阶通往欣赏辽阔大海的露台，隐秘的道路将客人们带往观看山林瀑布的观景台。无论走哪条道路，你都会有独特的体验。

 浙江省台州市温岭市石塘镇曙光村　　 180 0686 1913

主人：陶然
等级：金宿

甘棠里·不如方民宿

用现代的旅居，拥抱最近的大自然

背靠原始山林　户外潜水　童趣时光

/ 隐藏玩法 /

· 牧场堆放了大量草垛，柔中带刚的草堆是一张极好的蹦床。

· 早春采摘野菜、挖春笋，炎夏制作青梅，秋冬打栗摘柿、围炉夜话。

📍 浙江省台州市仙居县淡竹乡下郑村 133 号

📞 159 9060 2299

童趣滑梯

民宿让每个人都能找到过去的快乐。一座巨大的钢制全包式滑梯架在绿茵草坪上，用于从二楼到一楼的疾速下落。

极简色彩

在民宿内，只有原木色与白色这两种色彩。自然与现代的极简式碰撞，满足一切强迫症的需求。

皮划艇、桨板体验

筛选民宿周边宝藏自然水域，配置了专业皮划艇、漂流艇和站立式桨板，为客人提供有趣又高级的户外体验。

浙江民宿导览
鑫州

乐屿民宿

主人：李雨眉
等级：金宿

浙江省台州市仙居县白塔镇
前塘村 58 号

乐在乡野，吃在人间

📞 189 6849 5566

艺术
书墙

露天水池
花园

拱形
门墙

野趣
物件

/ 隐藏玩法 /

· 夜色怡人，带上三脚架去后院的大草坪上蹲点，
也许能拍到银河。

· 早起别错过民宿主人精心准备的乡村早餐，现烤
的麦饼、浓稠的白粥、醇香的豆浆……

· 离店之前别忘记和民宿主人道别，会有惊喜小礼
品相赠哦。

玩遍大自然

　　门面虽朴素，但深入发掘内部就能发现其中别有洞天。在露天中庭花
园喝喝下午茶，欢声笑语四起；靠山大草坪有可爱的山羊嗷嗷待哺，在等
你喂食；甚至可以提上菜篮子，亲自去采摘当季的桑果。

享受仙乐之境

　　走进大门，跨几步，就能踏过清澈见底的水池，四周树丛郁郁葱葱。
抬头仰望，是蓝天白云的舒适，是叽叽喳喳鸟鸣声的热闹。进入房间，屋
内窗明几净，水泥灰墙面与原木家具完美融合，迎进阳光，望向自然。

主人：许林芝
等级：非遗主题民宿

天台度过民宿

一场"偷得浮生半日闲"的慢时光

/ 隐藏玩法 /

· 前厅的桌子上摆放了笔墨纸砚，闲来无事可以练习书法，修身养性。

· 大门右侧的台子上印着太极图案，可以站在上面，拍一张美美的打卡照片。

· 大堂的展示柜里摆满了天台禅文化的字画、工艺品，细细端详便足以消磨时光。

私人
长桌宴

天台
禅文化

环山
近城

📍 浙江省台州市天台县赤城街道塔后村

📞 139 6847 3232

拥抱禅文化

九间房的命名都有禅意，"善居""善能""善渡""善仁""善道""善缘""善信""善时""善智"。每一间房都有很多藏书，闭门读书，可以从书本中探索力量，在禅文化里追寻生命的价值，给自己的灵魂放个假，去寻觅山间的归属感。

同自然共存

品茗听琴，闻香读书，融入乡间质朴的味道；幽雅淡泊，怡然自得，透过明亮的落地窗，绿色尽收眼眸。走走停停，沿途皆是风景；放慢生活的节奏，独爱山的文化。

不舍半卷

主人： 吴霞
等级： 非遗主题民宿

半卷湘帘半掩门，不舍朋友不舍情

时令蔬菜　　池塘垂钓　　篝火庭院

📍 浙江省台州市仙居县白塔镇关金自然村44号　　📞 130 1889 6677

/ 隐藏玩法 /

· 出了门就是一大片花海，用相机定格美丽瞬间，做童话里的花仙子吧。

· 一楼有公共厨房用具，在田地采摘绿色时蔬，亲自下厨，体验田园生活。

· 可以向民宿主人借用户外桌椅、皮划艇、浆板、天幕等，去神仙居景区乐逍遥。

如画一样的住所

"活得俗世一生，愿得半卷文雅。"屋内的设计独出心裁，圆形玄关古朴柔和，木制挂牌恬静淡然，多边形挂画个性复古。透过巨大的窗户欣赏美景，远处层峦叠嶂，美得像画中的乌托邦。

像家一般的温暖

农情相伴，众口相传。民宿主人用热情欢迎每一位远道而来的客人。来时献上当季水果，带着客人拾捡土鸡蛋、采摘新鲜蔬菜、去小溪摸鱼虾、在夏夜山间捕捉萤火虫……去时不忘摘下两根黄瓜，提上一篮农家土鸡蛋，绝不让客人空手而归。

/ 隐藏玩法 /

· 在不同的房间里可以欣赏到不一样的神仙居。

· 这里是宠物友好型民宿，家里若有宠物，可以一起带来哦。

· 挽起裤脚，在门口的小溪里抓抓小鱼，摸摸螺蛳，美味马上就会出现在餐桌上。

📍 浙江省台州市仙居县淡竹乡
尚仁村下扇 32 号

📞 189 6848 3456

和宿山麦

🎒 主人：张敏

和乐而宿，在山林的包容下返璞归真

(徒手摸鱼) (推窗赏溪) (开门见山)

乐在神仙居

被清晨的第一缕阳光闹醒，打开露台大门，云雾缭绕的神仙居便撞进了眼眸。鸟鸣蛙叫声，小溪淙淙声，河边妇人们的谈笑声，奏响了一曲美妙的乐章。爬上顶楼的平台，遥遥而望，微风轻拂脸庞，满眼皆是绿色，满心皆怀欣喜。

山野之趣

躺在柔软舒适的懒椅上，看孩子在乐高墙边专心钻研，与同伴在台球桌上开启大战，背靠书墙汲取知识的力量，尝尝鲜美的西红柿鸡蛋面、新鲜采摘的仙居杨梅、极具地道风味的豆腐包，逍遥似神仙。

两卷

🏠 主人：李爱芬

一卷是不远处的山水，一卷是灵魂的栖息处

(依山
而建)　(万册
藏书)　(中西
交融)

/ 隐藏玩法 /

· 躺在院落的沙滩椅上，睁眼便是满目青山。

· 大厅的角落里有一台小小的老式电视机，勾起你的童年的回忆。

· 阳台之上是唾手可得的明月与星空。

浙江民宿导览
庆州

📍 浙江省台州市仙居县淡竹乡大源村辽车自然村　　📞 151 5765 6111

返璞归真虚若谷

读万卷书，行万里路。倚靠着二楼的阳台，似乎与神仙居近在咫尺了。青山绿水潜藏在白云之间，却藏不住郁郁生机。阳光普洒，唤醒无限生气。漫步于石阶，心安于大地。

腹有诗书气自华

读万卷书，开卷有益。入门便是整墙的书籍，琳琅满目。捧一本佳作，窝在阳光下的沙发里，重现儿时被文字吸引的场景。书桌上摆放整齐的笔墨纸砚，大可放心地写写画画，将情感寄托于纸张。

浙江省台州市天台县赤城街道

台州塔后民宿村

累了乏了，不妨来塔后养生

中草药
花园

中医
养生

主题节庆
活动

" 打造以精品民宿聚集为特色的禅修养生度假村。"

　　塔后村坐拥青山绿水、鸟语花香，依托中草药花园和中医养生馆，为游客们打造健康养生的休闲度假胜地。

出门就是亭台楼阁、碧水蓝天

　　塔后村靠近赤城山、国清寺、琼台仙谷等旅游景区，是游客们游历天台、探访名胜后放松身心、养精蓄锐的休闲基地。

入村就是乡野别墅、草药花园

　　建筑风格以复古实木为主，给人淳朴自然的感觉；道路旁种的花草多为金银花、五色梅等中草药，这些中草药具有清热解毒、驱赶蚊虫的功效，村民们别出心裁地将草药园打造成了花园。

主题节庆异彩纷呈

　　文创集市、音乐节、美食节、登山节……各种主题节庆活动给游客们带来新奇的体验。

11

丽水
LISHUI

　　瓯江大小支流蜿蜒流淌，滋养着丽水境内的翠谷幽林。走进丽水，便是走进了风景里，每一段时光都在诠释这个名字的美妙之处。

古堰画乡手工艺小集群

画居匠心客栈

非云民宿

一双人

忆半民宿

望辰民宿

桃野民宿

景台隐墅

景台隐墅

主人：徐英
等级：金宿

住进山野里，和大自然撞个满怀

天然
后花园

山顶
观景台

定制
游玩路线

📍 浙江省丽水市缙云县仙都街道
鼎湖村笋川 182 号

📞 136 0051 9879

/ 隐藏玩法 /

· 在山顶的观景台可以俯瞰整个鼎湖峰景区，早晨还能看到壮观的日出。

· 早餐提供缙云特色土爽面，鲜美可口，不容错过。

· 可以让民宿主人帮忙定制出游路线，省心省力又不易踩雷。

与山野融为一体

景台隐墅依山势而建，外墙和房顶布满常青的绿植，房屋和树木错落有致，民宿与山的巧妙结合体现了民宿主人想传达的人与自然和谐共生的理念。

生活能量补给站

置身绿色植物的世界，呼吸一口新鲜空气能轻松忘却所有烦恼，还有露天泳池、自助酒吧、山顶花园、台球桌、茶室、KTV 等休闲娱乐场所，帮助客人补给丢失的能量。

仙都核心景区中心位置

民宿位于仙都风景区的核心地段，可步行前往朱潭山、鼎湖峰、小赤壁、仙都观等网红景点打卡。

村落就是民宿

有六百年历史的古村落里，祠堂社庙古步道、石桥土房风水树，纯粹的世外桃源里散落着不违和、不突兀的民宿公区与客房，与村民共处，与村落相融。

村落就是艺术

与村民、艺术家们联合打造的艺术空间里，设有艺术家们进行短期创作的工作室，也展陈着村民自己用生活素材、手掌脚印等创作的作品。

"农家西餐"

用土灶铁锅煮热红酒，请法国米其林三星厨师使用当地当季食材烹饪法餐，请日本著名调酒师用松阳茶和白老酒调制鸡尾酒……用城市人熟悉的生活方式解构古村落里的文化，也是一种传承。

📍 浙江省丽水市松阳县三都乡松庄村钉步坑 61 号　　📞 139 1703 8621

桃野民宿

主人：孙培
等级：金宿

逃回村里做个孩子，撒撒野

- 村宿交融
- 乡村艺术展
- 城乡生活能量交换

/ 隐藏玩法 /

· 村中的小溪才是最天然的泳池和游乐场，更有围绕溪水感受大自然的趣味。

· 在村中小巷子里散步、跟村民打招呼寒暄，心灵能得到真正的疗愈。

· 每月有一位从全球招募来的艺术家驻村十五天，偶遇大师的机会多多哦。

· 既然叫桃野，夏天一定要去桃野亲手摘野桃。

望辰民宿

主人：唐秀珠
等级：金宿

与草木为邻，枕星月而眠

 改良汉服式睡衣　 三面环山　玻璃餐厅

/ 隐藏玩法 /

· 院子里可以撸猫、逗猫。

· 门前小溪里白天可以戏水、垂钓，晚上可以抓萤火虫。

· 睡衣是民宿女主人精心挑选的改良汉服，屋内步步是景，很是出片。

 浙江省丽水市遂昌县石练镇大茂坑村

137 3826 7961

在山谷中与自然相拥

　　曲径通幽处，黑瓦白墙草木深。屋外湖光山色、鸟语花香；屋内简约清新、悠然自得。房间的命名融入自然元素，"沁风""轻云""晚雨""含烟""白水"……再配上实木等天然材料打造的家具，仿佛置身于大自然的怀抱。

山野间的休闲放松基地

　　山林掩映着的无边泳池、小平房式的玻璃餐厅、露天的下午茶座、溪畔垂钓区……民宿主人巧妙利用了山水环抱的自然优势，让这隐于山间的破旧老屋绽放出新的光彩。在这里，客人们足不出户就能尽享悠闲假期。

/ 隐藏玩法 /

· 每周一都可以在一楼大厅畅玩剧本杀、狼人杀。

· 民宿主人有一份独家的吃喝玩乐攻略，助你轻松开启愉快的旅程。

· 村里老人自家制作的笋干味道鲜美，尝过就会爱上。

📍 浙江省丽水市松阳县水南街道
玉湖小区 1 区 2 排 20 号

📞 159 6729 6389

忆半民宿

主人：徐雯雯
等级：金宿

打破呆板与无聊，住进乡村艺术屋

 旋转楼梯　 宠物友好　地下俱乐部

破传统之旧格局

民宿主人打破了老房子古板单一的建筑构造，所有设计、土建、装修全部亲力亲为。贯穿整个空间的旋转楼梯令人惊叹，以 DNA 分子式结构命名的七个房间颇具新意。各种元素共同组成了一个轻松、舒适、理想的家。

助艺术之新融合

举办各种派对和团建活动的俱乐部、比拼厨艺的豪华大厨房、宛若美术馆的艺术型大厅……现代美学和乡村文化的碰撞摩擦出激烈的火花，让这不见山水的老屋焕发出新的生机。

浙江民宿导览

一双人

主人：李凯
等级：金宿

> 一生一世一双人，半梦半醒半浮生

全景
落地窗

云海
梯田

户外
高尔夫
球场

/ 隐藏玩法 /

· 夏日夜晚，星星点点的萤火虫点缀山间，满天繁星震撼人心。

· 云海日出的最佳拍摄点。

· 情侣二人出游，可享一双人专项服务，如接车优惠、私人影院等。

📍 浙江省丽水市云和县崇头镇坑根村柳山头

📞 159 2578 1155

匠心打造的原木简约空间

　　一双人民宿旨在打造适合家庭出行的生活空间，房间名"一左一右""两大两小""三生三世""半舍"等，别出心裁。房间内的陈设典雅大方、简约实用。桌椅皆为原木，巨大的落地窗让温暖的阳光洒满整个房间，一进门便能透过落地窗望见壮观的云和梯田。

藏在白云深处的人家

　　隐于山间云雾身后，面朝蜿蜒壮阔的梯田，背倚高山与竹海，毗邻坑根石寨古村，走几步就能欣赏云海日出，既能赏景又能畅玩。

非云民宿

主人：张丽英
等级：文化主题民宿

两栋宅子，一方庭院，满目苍翠，抚琴作画

- 新中式混搭工业风
- 定制书画装饰
- 古琴试弹

/ 隐藏玩法 /

· 春天和冬天来这里，可以和民宿主人一起去山上挖笋、采茶叶哦。

· 周围遍布各种果园，草莓园、火龙果园、葡萄园……让你轻松实现"水果自由"。

· 傍晚偕三两好友于非云溪畔，饮酒谈天，听潺潺溪声。

· 院内步步是景，处处都可以拍出国风大片。

以古琴琴谱为名

"忘机""步月""归去""流泉""秋思"……非云的每一个房间都源于古琴琴谱，诗意浓厚，再搭配上民宿主人为房间量身定制的书画作品，古朴纯净的气息扑面而来。

以琴棋书画为趣

一方庭院，满目苍翠，清溪侧畔，抚琴作画，落子成章，在这里，客人可以体验古琴、书法等传统艺术。

以农家瓜果鱼禽为食

非云民宿常年收购附近农家的西瓜、玉米、鸡、鸭、鱼、虾等作为店内食材，既让客人品尝到新鲜自然的美味，又宣传了当地的美食，为客人购买当地农产品提供渠道。

 浙江省丽水市遂昌县三墩桥文化村

 186 0578 5775

主人: 杨翔军
等级: 文化主题民宿

画居匠心客栈

木桌木椅木柜, 匠人匠心匠情

木作
体验

木作文创
伴手礼

纯手工
客房家具

/ 隐藏玩法 /

· 每周定期开展"周日木工课"活动,
民宿主人带你体验传统木工, 千万不要错
过哦。

· 原汁原味的溪鱼民灶等你来体验。

· 一楼的图书馆三面环墙, 是阅读爱好者
的天堂。

 浙江省丽水市莲都区大港头镇
河边新村 31 号

 151 6803 8190

在木质建筑中品味匠心

民宿的家具全部由民宿主人和本地老木匠手工打造, 承载着民宿主人想传达的匠人匠心精神, 让客人深刻感受到传统木艺文化的魅力。

在木作体验中探寻古堰

民宿的一楼就是木工坊, 在这里客人可以亲身体验木工制作的乐趣, 为自己或亲朋好友打造一支钢笔、一把檀木梳等, 享受把一块普通木头改造成艺术品的过程。

对外宣扬中国传统木作文化

这家集展示、体验、制作于一体的木工文化主题民宿, 不仅接待来自上海、南京等地的国内游客, 还接待来自法国、美国等地的外国游客, 让传统木艺文化为更多人所熟知。

山水吸引艺术，艺术塑造生活，小集群以独特的手工艺术展现古堰画乡的文旅魅力。

生活艺术化

樟树葱葱、瓯江帆影、渔舟唱晚，行走在古堰画乡，每一刻所见都如同一幅流动的油画。日出东方、落日余晖、小镇流水，形成一幅幅如诗如画的江南画卷。

艺术生活化

以画现秀美，借画诉乡情，"丽水巴比松"油画塑造出了极具艺术感的小镇。"青瓷""木作""皮艺""蓝染"四种手艺，让来客体验 DIY 的乐趣。

浙江省丽水市古堰画乡

古堰画乡手工艺 小集群

瓯江竹翠，体味民间手艺的文化艺术气息

艺术建乡　丽水巴比松　民间手工艺

" 艺术建乡，激发艺术新活力，展示诗意新生活。 "

图书在版编目（CIP）数据

浙江民宿导览 . 2021 / 浙江省文化和旅游厅编 . —
杭州：浙江工商大学出版社，2022.12

ISBN 978-7-5178-5228-5

Ⅰ.①浙… Ⅱ.①浙… Ⅲ.①旅馆－经营管理－研究
报告－浙江－2021 Ⅳ.① F726.92

中国版本图书馆 CIP 数据核字（2022）第 227519 号

浙江民宿导览（2021）

ZHEJIANG MINSU DAOLAN（2021）

浙江省文化和旅游厅 编

策划编辑	俞　闻
责任编辑	鲁燕青
责任校对	张春琴
排版设计	王　璟
责任印制	包建辉
出版发行	浙江工商大学出版社
	（杭州市教工路198号　邮政编码 310012）
	（E-mail：zjgsupress@163.com）
	（网址：http://www.zjgsupress.com）
	电话：0571-88904980，88831806（传真）
印　　刷	杭州高腾印务有限公司
开　　本	787mm×1092mm　1/16
印　　张	8.25
字　　数	203千
版 印 次	2022年12月第1版　2022年12月第1次印刷
书　　号	ISBN 978-7-5178-5228-5
定　　价	68.00元